INVESTIEREN FÜR BEGINNER

4 Möglichkeiten an der Börse konservativ zu investieren
—> mit einfachen Praxistipps für maximalen Erfolg und
—> Strategien, um unnötige Fehler zu vermeiden

Michael Neundlinger
Linzerstraße 34a
4320 Perg
1. Auflage, Juli 2019

Zielsetzung dieses Ratgebers

Dieser Investment-Ratgeber soll es privaten Einsteiger-Investoren ermöglichen, konservativ bzw. defensiv selbst an der Börse zu investieren. Zu Beginn wird auf vier Möglichkeiten eingegangen, wie Einsteiger-Investoren erfolgreich an der Börse investieren können. Dabei werden nur jene Methoden ausgewählt, die für Anfänger geeignet und zeitlich überschaubar sind.

Anschließend werden kurz und knapp jene Anlageformen beleuchtet, auf die Investment-Anfänger verzichten sollten: Nicht nur die Auswahl der Anlagenkategorie, in die man investiert, ist für den Investmenterfolg entscheidend. Angesichts der großen Anzahl möglicher Anlageformen, die heute beworben bzw. angeboten werden, sind Einsteiger-Investoren gut beraten zu erkennen, welche Anlageformen für sie geeignet sind und welche nicht.

Im Anschluss daran erfährt der Leser diverse Praxistipps, die für einen erfolgreichen Start an der Börse unabdingbar sind. Neben der Klärung des Zeithorizonts ist insbesondere das Kapitel Portfolio Management sehr aufschlussreich. Dieses klärt Fragen zu Diversifikation, zur Vermögensaufteilung auf einzelne Anlagekategorien, wie oft man kaufen und verkaufen sollte, sowie wie man auf fallende/steigende Kurse bzw. eine Finanzkrise reagieren sollte.

Nach den bereits erwähnten Praxistipps folgen weitere Ratschläge, wie die Auswahl einer kostengünstigen Depotbank, der Einfluss von Steuern auf die Erträge, die Verwendung von Dividenden und vieles mehr.

Schließlich folgt eine Auflistung von Anfängerfehlern, vor denen selbst die besten Anleger nicht gefeit sind, jedoch mit der Lektüre dieses Ratgebers vermieden werden können.

Obwohl dieses Buch darauf abzielt, Einsteiger-Investoren einen möglichst erfolgreichen Start an der Börse zu ermöglichen, kann dieser Ratgeber keine Garantie für steigende Kurse und für positive Anlageerfolge geben. Daher haftet der Autor nicht für etwaige Anlageverluste, die durch Investition entstehen können.

Der Autor

Michael Neundlinger, MSc MIM LLB hat an der Wirtschaftsuniversität Wien Internationale Betriebswirtschaftslehre und Wirtschaftsrecht studiert. Während des Studiums arbeitete er u.a. für die Deutsche Bank in London sowie die Wirtschaftsprüfungsgesellschaften Deloitte und KPMG. Neben einer leitenden Position bei einem führenden Lebensmitteleinzelhändler beschäftigt sich Michael Neundlinger nebenberuflich mit der Analyse von Unternehmen, mit der er langfristige Wertpapierinvestitionen tätigt. Unternehmensanalysen vom Amazon, Apple, der Beiersdorf AG, der BMW Group, der bet-at-home.com AG, der Lufthansa Group, der Österreichischen Post AG sowie der H&M Group hat er bereits veröffentlicht.

Genderhinweis

Der Zielsetzung dieses Ratgebers - einen möglichst verständlichen, einfachen und kurzen Investment-Ratgeber für Einsteiger abzubilden - folgend, wird auf die Verwendung der weiblichen Sprachform verzichtet. Dies passiert aus Gründen der einfacheren Lesbarkeit, und soll keine Benachteiligung des anderen Geschlechts ausdrücken. Investoren, ob männlich oder weiblich, sollen sich von den Inhalten gleichermaßen angesprochen fühlen.

Inhaltsverzeichnis

Damit haben Sie Ihren finanziellen Spielraum iHv 45.000 € errechnet. Um zu ermitteln, wie viel Sie davon als eiserne Reserve aufbewahren sollten und wie viel Sie guten Gewissens investieren können, müssen Sie nun Ihre monatlichen Ausgaben auflisten.   65

1. Einführung

1.1 Warum noch ein Buch für Einsteiger-Investoren?

Es wird Sie nicht überraschen, dass dies nicht der erste Ratgeber für Einsteiger-Investoren ist. Tatsächlich gibt es eine hohe Anzahl an Blogs, Video Tutorials und Ratgebern zu diesem Thema. Dennoch werde ich nahezu täglich von Familie und Freunden, die noch wenig Berührungspunkte mit Investitionen hatten, zu grundlegenden Themen gefragt. Diese Fragen zeigen auf, dass zwar einerseits das Interesse am Investieren groß ist, vielfach das Wissen jedoch noch fehlt.

Gleichzeitig sind es oftmals dieselben unerfahrenen Privatanleger, die in hochriskante Investments wie Schiffsfonds, Kleinstunternehmen ohne nennenswerte Bonität, Kryptowährungen und vieles mehr investieren. Auf Anraten einer Bank bzw. eines Bekannten werden Investitionen getätigt, von denen der Börseneuling nur wenig versteht, um — so der Wunsch — in kürzester Zeit das schnelle Geld zu verdienen. Konservative Sparer wiederum schrecken vor jedweder Investition zurück, da sie die Börse für ein Casino und Käufer wie Verkäufer für Spieler halten.

Angesichts der langfristig niedrigen Sparzinsen und der aktuell hohen Bewertung der Aktienmärkte sind unerfahrene Anleger mehr denn je auf der Suche nach einer Alternative zum Sparbuch bzw. dem Bausparer. Entsprechend wichtig ist es für diese Anlegergruppe, über die im Rahmen ihrer Möglichkeiten liegenden Investitionen genau Bescheid zu wissen. Börsenneulinge können, wenn sie sich auf Investments beschränken, die sie verstehen, und bestimmte Regeln beachten, zu erfolgreichen Investoren werden. Umgekehrt können Sparvermögen durch Spekulation und hochriskante Investitionen jedoch auch schnell vernichtet werden.

Gerade Bücher für Börsenneulinge beinhalten oftmals Beschreibungen von Anlageformen, die hochriskant und damit für sie nicht geeignet sind. Dieser Ratgeber verzichtet auf solche Ausführungen, und warnt lediglich vor derartigen Investments.

1.2 Warum gerade konservative Investments für Einsteiger?

Sie fragen sich, warum Sie sich als Einsteiger-Investor am besten mit defensiven bzw. konservativen Investments beschäftigen? Zum einen sollten Sie als Investor immer nur in Anlageformen investieren, die Sie verstehen. Als Einsteiger wird es schwierig sein, hochkomplexe Finanzprodukte zu verstehen; dafür bleibt für Sie als nebenberuflicher Investor in der Regel schlicht und einfach nicht die Zeit.

Zum anderen handelt es sich bei diesen Anlageformen oftmals um hochriskante Investments, bei denen ein hohes Verlustrisiko besteht. Als Privatanleger sollten Sie darauf bedacht sein, Ihr Kapital vor der Inflation zu schützen bzw. darüber hinaus zu vermehren - ein Totalverlust wirkt zwar unvorstellbar, ist es jedoch nicht.

1.3 Ab welchem Betrag macht Investieren Sinn?

Oft werde ich gefragt, ab welchem Betrag Investieren Sinn macht. Dabei gilt es diverse Faktoren zu berücksichtigen, u.a. in welche Anlageform Sie investieren möchten, wie oft investiert wird und wie hoch die Kosten pro Transaktion bzw. die monatlichen/jährlichen Kosten ausfallen.

Bei der Investition in Einzelaktien sind für den Start ca. 5.000 € Startkapital und pro getätigter Investition ca. 1.000 € pro Transaktion zu empfehlen. Auch für weitere Investitionen empfiehlt es sich, Einzelaktien nicht unter 1.000 € pro Transaktion zu erwerben. Die 5.000 € Startkapital empfehle ich, weil der Einsteiger-Investor diversifizieren sollte, um nicht sein ganzes eingesetztes Kapital gleich in die erste investierte Einzelaktie zu stecken.

Die Mindestsumme iHv 1.000 € pro Investition empfehle ich aufgrund der Transaktionskosten, die oftmals deutlich mehr als 10 € pro getätigter Investition betragen. Hohe Transaktionskosten gepaart mit Depotgebühren können es für Anleger trotz steigender Kurse schwer machen, positive Ergebnisse an der Börse zu erzielen. Dies ist insbesondere dann der Fall, wenn erstere in Relation zu dem eingesetzten Kapital sehr hoch ausfallen.

Bei der Investition in diversifizierte Anlageprodukte, u.a. ETFs, dagegen ist aufgrund der bereits vorhandenen Diversifikation kein derart hohes Startkapital erforderlich. Auch gibt es die Möglichkeit, Sparpläne mit monatlichen Sparraten abzuschließen. Bereits ab 50 € monatlich kann ein Sparplan abgeschlossen werden. Dennoch gilt auch hier, dass die Kosten pro Ausführung von Anbieter zu Anbieter variieren und somit die Kosten bei geringen monatlichen Sparraten prozentuell sehr hoch ausfallen können. Alle weiteren Details zu diesen und vielen weiteren Anlageformen erhalten Sie in nachstehenden Kapiteln.

Fazit

Investieren Sie nur in Anlageformen die Sie verstehen!

Die Investition in diversifizierte Anlageformen (u.a. ETFs) ist schon ab kleinen Sparbeträgen (z.B. 50 € monatlich) möglich und somit fast für jedermann geeignet. Dagegen bedarf es für die Investition in Einzelaktien ein bestimmtes Startkapital und ein höheres Investitionsvolumen (mindestens 1000 € pro Transaktion), um Diversifikation zu erzielen und die anteiligen Kosten gering zu halten.

2. Vier Möglichkeiten konservativ als Anfänger zu investieren

Die folgenden vier Investmentmöglichkeiten erlauben es Börseneulingen, konservativ an der Börse zu investieren. Für alle vier Investmentmöglichkeiten benötigt der Anfänger kein Vorwissen am Finanzmarkt. Zwei der Methoden (2.1 und 2.3) erfordern geringen Zeitaufwand, Methode 2.2 ist etwas zeitintensiver und Methode 2.4 nimmt am meisten Zeit in Anspruch. Dennoch sind alle vier Varianten für den Anfänger ausgelegt und damit auch zeitlich überschaubar.

Während Sie sich für eine der vier Varianten entscheiden können, ist bei ausreichendem Kapital und Interesse die Investition in zwei, drei oder vier der genannten Methoden ebenso möglich. Dies sorgt wiederum für Diversifikation und erlaubt es Ihnen, sich mit verschiedenen Investmentformen vertraut zu machen.

2.1 Berkshire Aktien kaufen

2.1.1 Die Strategie

Warren Buffett zählt wohl zu den bekanntesten Investoren aller Zeiten. Er begann nach den Grundsätzen Benjamin Grahams, der den Grundstein für Value Investing (wertorientiertes Investieren) legte, zu investieren und entwickelte diese Investmentphilosophie unter dem Einfluss Charlie Mungers, Vice President von Berkshire Hathaway, weiter. Warren Buffett akquirierte Berkshire Hathaway, eine damalige Textilienmanufaktur, und verwendete Berkshire Hathaway als Holdinggesellschaft, um unter anderem Versicherungsgesellschaften zu übernehmen[1]. Buffett nutzte das freie Kapital („float"), das durch das Versicherungsgeschäft anfiel, um im Laufe der Jahre erfolgreich qualitativ hochwertige, jedoch unterbewertete Unternehmen zu akquirieren und langfristig zu halten.

---

[1] https://www.investopedia.com/university/warren-buffett-biography/warren-buffett-success-story.asp, abgerufen am 22.4.2019.

2.1.2 Warum Berkshire Aktien?

Heute ist Warren Buffett der drittreichste Mensch der Welt[2], Berkshire Hathaway zählt zu den zehn wertvollsten Unternehmen der Welt[3]. Von 1964 bis 2018 hat der Aktienkurs der Investmentholding um jährlich 20,5 % zugelegt[4]. Hätte man im Jahre 1964 in eine Berkshire Hathaway Aktie investiert, hätte sich der Wert dieser Aktie um unglaubliche 2.472.627 % erhöht[5]. Einen besseren Beweis, dass sich ein Investment in Berkshire Hathaway Aktien lohnen sollte (!), gibt es wohl kaum. Zu den größten Positionen Berkshire Hathaways zählen renommierte Unternehmen, wie u.a. American Express, Apple, Bank of America, Coca-Cola und Wells Fargo[6].

Kurzfristig wurde und wird immer wieder an Buffett gezweifelt. Dies war z.B. während der „Dotcom Blase" der Fall, in der Buffett als ewiggestrig abgetan wurde, weil er die hohen Bewertungen unprofitabler Internetunternehmen in Frage stellte und sich vom sogenannten „Neuen Markt" fern hielt. Doch langfristig behielt Buffett recht: Am 19. März 2000, dem Höhepunkt der „Dotcom Blase", stand der Technologieindex NASDAQ 100 bei 4.691,61 Punkten[7]. Bis zum 7. Oktober 2002 fiel der NASDAQ um unglaubliche 83 % auf 804,6 Punkte[8]. In derselben Zeit gewann Buffetts Portfolio stark an Wert (+26,6 % 2000, +6,5 % 2001, -3,8 % 2002)[9]. Mehr ist dem nicht hinzuzufügen.

Die Aktien von Berkshire Hathaway sind für jedermann, und damit auch für jeden Börseneuling verfügbar. Mit der Investition in Berkshire Aktien erhalten Sie Zugang zu einer Investmentholding, die über 50 Jahre den Aktionären überaus positive Ergebnisse lieferte. Zusätzlich besitzen Sie mit der Akquisition von Berkshire Aktien einen kleinen Anteil der Beteiligungen Berkshire Hathaways, die als hochqualitative langfristige Unternehmensbeteiligungen bezeichnet werden können. Somit wird Ihnen die lange

---

[2] https://www.forbes.com/billionaires/#2a700bd251c7, abgerufen am 22.4.2019.

[3] https://www.statista.com/statistics/263264/top-companies-in-the-world-by-market-value/, abgerufen am 22.4.2019.

[4] Berkshire Hathaway, Inc., Annual Report 2018.

[5] Berkshire Hathaway, Inc., Annual Report 2018.

[6] Berkshire Hathaway, Inc., Annual Report 2018.

[7] https://www.onvista.de/index/NASDAQ-100-Index-325104, abgerufen am 11.7.2019.

[8] https://www.onvista.de/index/NASDAQ-100-Index-325104, abgerufen am 11.7.2019.

[9] Berkshire Hathaway, Inc., Annual Report 2018.

Suche nach attraktiven Aktien abgenommen, der „Börsenmeister" selbst hat die Selektion bereits vorgenommen und lässt Sie — ohne exorbitante Gebühren dafür zahlen zu müssen — an dem Unternehmenserfolg teilhaben.

2.1.3 Wie/wo können Sie Berkshire Aktien kaufen?

Nun werden Sie sich fragen, ob dies tatsächlich so simpel ist: Kann man so einfach Aktien von Berkshire Hathaway kaufen?

Ja, man kann Aktien von Berkshire Hathaway ohne Einschränkungen kaufen. Unter Verwendung eines Online Brokers kann bei der Suche „Berkshire Hathaway" eingegeben werden. Daraufhin werden die Berkshire Hathaway A-Aktien und B-Aktien angeboten.

Berkshire Hathaway Inc. Reg.Shares B New DL -,00333	A0YJQ2	192,12 EUR	+0,87 %
Berkshire Hathaway Inc. Registered Shares A DL 5	854075	288.410,00 EUR	+0,94 %

Abgerufen über Wertpapier Finder DKB, 27.4.2019.

Berkshire Hathaway A-Aktien sind mit Kursen iHv 288.410 € je Aktie für die meisten Anleger ungeeignet bzw. unerreichbar. Die Berkshire B-Aktien mit Preisen iHv aktuell 192,12 € sind dagegen für Börsenneulinge eine gute Möglichkeit, an Warren Buffetts Investments teilzuhaben.

Die B-Aktien sind insofern an den Kurs der A-Aktien gebunden, als ein Aktionär, der A-Aktien erwirbt, diese in 1.500 Stück B-Aktien umtauschen kann. Umgekehrt ist dieser Tausch jedoch nicht möglich.[10]

2.1.4 Was passiert nach Warren Buffetts Rücktritt?

Nun stellt sich noch die Frage, was passiert wenn die große Persönlichkeit hinter Berkshire Hathaway, Warren Buffett, einmal abgelöst wird bzw. verstirbt? Tatsächlich ist ungewiss, ob die Nachfolger Buffetts in der Lage sein werden, qualitative, unterbewertete Unternehmen langfristig zu identifizieren und zu akquirieren. Auch ist ungewiss, ob die Nachfolger den „float" ähnlich wie Buffett nützen werden oder eine andere Strategie verfolgen.

---

[10] Berkshire Hathaway, Inc., Memo: Comparative Rights and Relative prices of Berkshire Class A and Class B Stock, 1999.

Doch Berkshire hält - unabhängig von seinem Management - diverse Unternehmensbeteiligungen und kann auch als Produkt der dahinterstehenden Beteiligungen aufgefasst werden. Dazu zählen stabile hochqualitative Unternehmen wie American Express, Apple, Bank of America Corp., Coca Cola, Moody's, und viele mehr[11]. All diese Beteiligungen bestehen nach Buffetts Rücktritt unverändert weiter.

2.1.5 Nachteile eines Investments in Berkshire Aktien

Ein Nachteil eines Investments in Berkshire Aktien besteht für jene Investoren, die sich über jährliche Dividenden freuen. Berkshire Hathaway schüttet seine Gewinne nicht an die Aktionäre aus. Berkshire hat jedoch begonnen, seine eigenen Aktien zurückzukaufen[12]. Bei einem Aktienrückkauf kauft ein Unternehmen seine eigenen Aktien zurück, und nimmt diese vom Markt. Dadurch verringert sich die Anzahl der ausstehenden Aktien. Entsprechend erhöht sich der Gewinnanspruch der bestehenden Aktionäre bzw. die Beteiligung der bestehenden Aktionäre am Unternehmen. Während die Ausschüttung einer Dividende für den Empfänger steuerpflichtig ist, fallen bei Aktienrückkäufen bis zur Realisierung eines Gewinns bei einem allfälligen Verkauf, keinerlei Steuern an.

2.2 Warren Buffett imitieren

2.2.1 Die Strategie

Berkshire Hathaway, Warren Buffett's Holdinggesellschaft, ist aufgrund seiner Größe (mehr als 100 Millionen Dollar investiertes Kapital) gesetzlich verpflichtet, quartalsweise seine Beteiligungen an US-Unternehmen in einer sogenannten 13-F Meldung offenzulegen[13].

Neben der Möglichkeit, direkt in Aktien von Berkshire Hathaway zu investieren, besteht also die Option, die einzelnen Akquisitionen von Berkshire Hathaway in der 13F-Meldung, die an die amerikanische Börsenaufsicht geht, nachzuahmen. Sie können sich entweder

---

[11] Berkshire Hathaway, Inc., Annual Report 2018.

[12] Berkshire Hathaway, Inc., Annual Report 2018.

[13] https://www.investopedia.com/terms/f/form-13f.asp, abgerufen am 27.4.2019.

dazu entscheiden, alle Aktien zu kaufen, die Berkshire gekauft hat, oder die Liste der neuen Beteiligungen durchsehen und sich für eine oder mehrere davon entscheiden.

2.2.2 Warum Warren Buffett imitieren?

Die Argumente, die für die Imitation von Warren Buffetts Investments sprechen, sind dieselben wie jene für ein direktes Investment in Aktien von Berkshire Hathaway: Warren Buffett hat gemeinsam mit Berkshire Hathaway einen jahrelangen Beweis außerordentlicher Performance abgeliefert. Wenige Börsenneulinge werden in der Lage sein, besser als das „Orakel von Omaha" zu investieren. Dasselbe gilt für Bankberater, die sich mit einem Warren Buffett in der Regel nicht messen werden können.

Die 13-F Meldung, die die Investitionen von Berkshire Hathaway offen legt, ist für jedermann abrufbar und gratis. Somit kann jeder Börseneuling kostenlos auf die jüngsten Börsentipps des Börsenprofis zugreifen.

2.2.3 Wie/wo können Sie diese Aktien kaufen?

Um herauszufinden, welche Aktien Berkshire Hathaway hält, bzw. welche Aktien zuletzt gekauft bzw. verkauft wurden, reicht eine simple Google Suche wie „Berkshire 13F".

 Berkshire Hathaway Inc Top Holdings

As of 12/31/2018

Entity	Amount	Change 09/30/2018 to 12/31/2018	Position Size ($ in 1000's)
APPLE INC	249,589,329	−2,889,450	$39,370,221
BANK AMER CORP	896,167,600	+18,919,000	$22,081,569
WELLS FARGO & CO NEW	426,768,902	−15,592,798	$19,665,511
COCA COLA CO	400,000,000	UNCH	$18,939,999
AMERICAN EXPRESS CO	151,610,700	UNCH	$14,451,533
KRAFT HEINZ CO	325,634,818	UNCH	$14,015,323
US BANCORP DEL	129,308,831	+4,385,739	$5,909,415
JPMORGAN CHASE & CO	50,116,394	+14,451,627	$4,892,364
BANK OF NEW YORK MELLON CORP	80,937,250	+3,087,774	$3,809,716

Aufgerufen über Holdings Channel, 28.4.2019 (https://www.holdingschannel.com/13f/berkshire-hathaway-inc-top-holdings/)

In der Tabelle ist ersichtlich, dass Berkshire's größte Position lt. 13-F Meldung aktuell Apple Inc. ausmacht, gefolgt von Bank of America und Wells Fargo. Berkshire hat zuletzt Bank of America Aktien stark zugekauft, Apple und insbesondere Wells Fargo Aktien jedoch verkauft.

Wenn Sie diese Strategie das erste Mal verwenden, ist eine derartige Tabelle allein jedoch oft zu wenig. Eine kurze Google Suche nach „Berkshire letzte Käufe", bringt Sie zu dem Artikel „Top Aktien, die Warren Buffett gerade gekauft hat"[14]. Darin findet sich eine Beschreibung der letzten Käufe und Verkäufe, die die Transaktionen für den Beginner deutlich leichter nachvollziehbar macht.

Haben Sie ein Unternehmen identifiziert, in das Warren Buffett investiert hat, und in das Sie selbst gerne investieren würden, gilt es noch zwei äußerst wichtige Dinge zu tun und zu beachten:

2.2.3.1 Kursentwicklung der letzten fünf Monate vor der 13F-Veröffentlichung

Überprüfen Sie, wie sich der Aktienkurs in den fünf Monaten vor der Veröffentlichung der 13F-Form entwickelt hat. Berkshire Hathaway ist gesetzlich verpflichtet, erst 45 (!) Tage nach Ablauf eines Quartals seine getätigten Transaktionen anzugeben[15]. Ebenso wie es einen Unterschied macht, ob Sie eine 50m² Wohnung für 100.000 € oder 120.000 € kaufen, ist für den langfristigen Erfolg bei dieser Strategie entscheidend, zu welchem Börsenkurs Sie die Aktien erwerben.

In der Praxis bedeutet dies: Ist der Aktienkurs im Vergleich zu den letzten fünf Monaten gleich geblieben, bestehen ähnlich gute Voraussetzungen wie jene, zu denen Berkshire Hathaway gekauft hat. Ist der Aktienkurs im Vergleich gefallen, liegen sogar bessere Bedingungen vor (es sei denn in der Zwischenzeit wurden Informationen bekannt, die den Wert des Unternehmens in Frage stellen). Wenn der Kurs dagegen gegenüber den letzten fünf Monaten stark gestiegen ist, liegen eher schlechte Bedingungen vor: Die Wahrscheinlichkeit, die Aktie später um einen höheren Preis zu verkaufen, ist gesunken.

---

[14] https://www.wallstreet-online.de/nachricht/11268433-top-aktien-warren-buffett-gerade-gekauft/all, abgerufen am 28.4.2019.

[15] https://www.investopedia.com/terms/f/form-13f.asp, abgerufen am 28.4.2019

Obwohl die meisten Anleger dazu neigen, Aktien die gestiegen sind, für weitere Käufe zu berücksichtigen, und jene die gefallen sind, abzustoßen, ist diese Haltung unter der Voraussetzung, dass es sich um gute Unternehmen handelt, mehr als kontraproduktiv.

Klarer wird dies auch hier anhand eines Vergleichs mit der 50m² Wohnung: Nehmen Sie an, Ihr Nachbar hat die Wohnung für 100.000 € gekauft hat und vermietet sie um 500 € monatlich. Wenn Ihr Nachbar Ihnen die Wohnung im nächsten Monat um 80.000 € zum Kauf anbietet und Sie in der Lage sind dieselbe Miete zu erzielen, werden Sie das Angebot als attraktiv empfinden. Wenn Sie das Angebot jedoch ablehnen und ein weiteres Monat darauf die Wohnung um 120.000 € zum Verkauf steht, werden Sie sich ärgern und vom Kauf absehen. Ähnlich sollten Sie sich beim Kauf von Unternehmen verhalten.

Kurz und knapp: Wenn sich der Aktienkurs einer Investition von Berkshire Hathaway zuletzt stark verteuert hat, erhöht sich Ihr Risiko, die Aktie später nicht gewinnbringend verkaufen zu können. Hat sich der Aktienkurs seitdem verringert, sind Ihre Chancen dagegen gestiegen. All dies gilt jedoch nur unter der Bedingung, dass sich keine fundamentalen Veränderungen ergeben haben, die das Unternehmen betreffen. Details dazu folgen in den nächsten Kapiteln.

2.2.3.3 Das Unternehmen verstehen

Sie sollten das Unternehmen, in das Sie investieren möchten, verstehen. Sie müssen kein Experte in der Branche sein, doch sollten Sie die Produkte bzw. Dienstleistungen, mit denen das Unternehmen seinen Umsatz erzielt, kennen und grundlegend das Geschäftsmodell begreifen.

Hintergrund ist nicht, dass Sie versuchen sollten, aus den Investitionen Buffetts die besten herauszupicken: Dafür bedarf es erstens mehr als dieser grundlegenden Kenntnisse. Zweitens würde ich stark hinterfragen, inwieweit es angesichts der jahrelangen Performance Buffetts, mir oder Ihnen zusteht, diesen Anspruch zu stellen.

Vielmehr geht es darum, dass Sie wissen, was Sie kaufen, um im Laufe der Jahre hinter dem Unternehmen stehen zu können, egal wie sich der Aktienkurs kurzfristig entwickelt. Die Arbeit hört nämlich nach dem erstmaligen Investment nicht auf: Die eigene Psyche und die eigenen Ängste unter Kontrolle zu halten, ist mindestens ebenso schwer und wichtig wie die Auswahl der Aktien, die man kauft. So verhindert man, bei Auftauchen erster Probleme in Panik zu verfallen und qualitative Unternehmen mit kurzfristigen Turbulenzen mit Verlust wieder zu verkaufen.

Haben Sie nach Berücksichtigung dieser Punkte ein Unternehmen identifiziert, in das Sie langfristig investieren möchten, steht Ihnen nichts mehr im Weg. Der Börsenmarkt ist für jedermann, der über ein Depot und ausreichend Kapital verfügt, zugänglich. Ein Unternehmen, in das Buffett an der Börse investieren kann, Sie jedoch nicht, gibt es nicht (es sei denn dieses Unternehmen wird bis dahin von der Börse genommen).

2.2.4 Nachteile einer Imitationsstrategie

Wie zuvor bereits angedeutet, ist Berkshire's Verpflichtung, seine Transaktionen offenzulegen, erst 45 Tage nach Ende eines Quartals fällig[16]. Wenn man nun am ersten Tag der Veröffentlichung auf diese Informationen zugreift (in der Praxis werden noch weitere Tage/Woche/Monate vergehen), sind diese bereits 4,5 Monate alt.

In der Zwischenzeit kann bereits einiges passiert sein: Der Preis, zu dem Berkshire Hathaway die Aktien gekauft hat, wird nie derselbe sein und kann sich nach oben bzw. nach unten stark verändert haben. Es kann sogar sein, dass Warren Buffett die Aktien mittlerweile (z.B. aufgrund eines Kursanstieges) schon wieder verkauft hat.
Ebenso ist möglich, dass sich fundamentale Veränderungen ergeben haben, die das Unternehmen mittlerweile unattraktiv machen. Ein Skandal, wie aktuell der Dieselskandal, kann Unternehmen bzw. ganze Branchen nachhaltig beeinträchtigen. Auch können Änderungen im Konsumverhalten und vieles mehr die Gründe aufheben, warum Aktien ursprünglich gekauft wurden.

Eine weitere Problematik stellt sich aufgrund der Veröffentlichung per se: Warren Buffett hat zu Recht den Ruf eines „Börsengurus". Sobald Anleger davon Wind bekommen, dass Buffett sich für eine Aktie interessiert, tun Anleger weltweit was ich Ihnen hier vorschlage: Sie kaufen die Aktien, die Warren Buffett gekauft hat. Aufgrund der dadurch erhöhten Nachfrage ist es möglich, dass die Papiere der Unternehmen, in die Warren Buffett investiert, steigen. Dadurch wird es für Imitatoren Buffetts schwierig, zu denselben Konditionen wie er zu investieren.

---

[16] https://www.investopedia.com/terms/f/form-13f.asp, abgerufen am 28.4.2019.

Trotz allem können Anleger, die langfristig investieren, von den direkten Börsentipps des „Orakels von Omaha" profitieren: Über viele Jahre hinweg zählen kurzfristige Preisanstiege nicht. Was zählt ist langfristig hochqualitative Unternehmen ausgewählt zu haben, die Aktionäre u.a. über Dividenden bzw. Aktienrückkäufe am Unternehmensgewinn und an der Steigerung des Unternehmenswerts teilhaben lassen.

Nicht unerwähnt soll der folgende Nachteil bleiben, den Sie als Investor gegenüber der Alternative, Berkshire Aktien direkt zu kaufen, in Kauf nehmen: Mangelnde bzw. weniger Diversifikation. Durch die Investition in eine Berkshire Aktie erhalten Sie einen kleinen Anteil an diversen Beteiligungen von Berkshire Hathaway. Damit sind Sie indirekt an diversen Banken, Fluglinien, Konsumgüterunternehmen und Unternehmen in vielen weiteren Branchen beteiligt. Fällt der Aktienkurs einer Beteiligung, bleiben noch viele weitere Unternehmen übrig, die diesen Kursverlust über Kurssteigerungen wettmachen können. Sie besitzen ein diversifiziertes Portfolio.

Kaum ein Anleger wird genügend Ressourcen besitzen, um sämtliche Beteiligungen Buffets nachzubilden. Wenn Sie nun z.B. nur eine Aktie besitzen, wirkt sich ein temporärer Kursverlust direkt und somit sehr stark auf Ihr Ergebnis aus. Sie sind also nicht diversifiziert.

Auch darf nicht vergessen werden, dass Berkshire Hathaways Portfolio aus einigen wenigen großen, und vielen kleinen Positionen besteht. Um das Portfolio exakt nachzubilden, wäre es somit erforderlich, diese Gewichtungen nachzubilden. Des Weiteren beruht der Investmenterfolg Warren Buffetts nicht nur auf Kursgewinnen, sondern auf den Grundlagen effizienter Kapitalallokation: Die Kombination des Investmentgeschicks Buffets mit dem „float" (= dem verfügbaren Cash Flow) des akquirierten Versicherungsunternehmens machten den Erfolg des „Orakels von Omaha" erst möglich.

Dennoch stellt die Imitation Berkshire's Investments unter Berücksichtigung der angeführten Einschränkungen auf lange Sicht eine gute Wahl für Börsenneulinge dar. Auch wenn man mit der Strategie nicht exakt dieselben Ergebnisse wie Buffet erzielen wird können; wenn Sie nur die Hälfte der Gewinne Buffetts einstreichen, sind Sie den meisten Investoren und Banken um einiges voraus.

2.3 Auf Indexfonds (ETFs) setzen

2.3.1 Die Strategie

ETFs (Exchange traded funds) sind börsengehandelte Investmentfonds. John Bogle gründete Vanguard, den zweitgrößten Vermögensverwalter der Welt[17]. Auf ihn geht auch die Entstehung von Index-Fonds zurück[18].

Ein Indexfond ist ein passiv verwalteter Fond, der einen Index nachbildet. Passiv bedeutet, dass kein Fondsmanager Aktien aussucht, sondern der Fond streng nach quantitativen Kriterien aufgebaut ist. Index bedeutet in der Regel einen ganzen Markt bzw. einen Teilabschnitt desselben.

In Österreich werden diverse Unternehmen an der Wiener Börse gehandelt. Die 20 größten Unternehmen finden sich zusammengefasst in einem Index, dem ATX. Ein ATX-Index Fond bildet nun ganz einfach den ATX ab. Wenn Sie alle Aktien aller Unternehmen im ATX kaufen würden, würden Sie 100 % des ATX besitzen. Wenn Sie insgesamt an ein Marktwachstum glauben, müssten Sie sich keine einzelnen Unternehmen heraussuchen. Sie könnten einfach den ganzen Markt kaufen, und vom stetigen Marktwachstum profitieren.

Wenig überraschend fehlt den meisten Anlegen hierfür das erforderliche Kleingeld. Doch auch mit weniger Kapital ist es möglich, den gesamten ATX zu kaufen: über einen ATX-Indexfond. Der Fond kauft die Aktien im ATX in einer Menge, die der Gewichtung des Index entspricht. Dadurch wird ausschließlich der Index an sich in einem Fond abgebildet. Als einzelner Investor können Sie durch den Kauf von Anteilen eines Indexfonds an der Wertsteigerung des ganzen ATX partizipieren. Damit erwerben Sie indirekt eine Beteiligung an den zwanzig größten börsennotierten Unternehmen Österreichs. Dieses Prinzip lässt sich auf so gut wie jeden Index weltweit umlegen.

---

[17] https://www.fundresearch.de/asset-manager/Wer-sind-die-groessten-Asset-Manager.php, abgerufen am 28.4.2019.

[18] John C. Bogle, The little book of common sense investing. The only way to guarantee your fair share of stock market returns. John Wiley&Sons, Inc. 2007.

Nun werden Sie sich fragen, was ein ETF ist, nachdem hier immer die Rede von Indexfonds ist. Mittlerweile gibt es nicht nur ETFs, die einen Index replizieren, sondern auch ETFs, die innerhalb eines Index bestimmte Schwerpunkte legen (z.B. top Dividende). Für die meisten Anleger ist jedoch ein Index-ETF die richtige Wahl: Er verbindet die höchste Diversifikation mit den geringsten Kosten.

Man unterscheidet bei ETFs zwischen physischen und synthetischen ETFs.

2.3.1.1 Physische ETFs

Bei physischen ETFs kauft der dahinterstehende Fond tatsächlich sämtliche Aktien des nachzubildenden Index, in einer dem Index entsprechenden Gewichtung.[19]

Wie erkennt man einen physischen ETF? Um herauszufinden, ob der ETF physisch investiert ist, sollten Sie bei der Auswahl die Anlegerinformation (u.a. das Verkaufsprospekt) konsultieren. Ein Indiz ist z.B. der folgende Auszug: *„die Wertentwicklung des Index nachzubilden, indem er in alle im Index enthaltenen Wertpapiere im gleichen Verhältnis wie im Index investiert"*[20].

Vorteil der physischen ETFs ist die tatsächliche Nachbildung durch effektive Käufe der in den Indizes enthaltenen Unternehmen. Nachteil sind die dadurch verbundenen höheren jährlichen Kosten.

2.3.1.2 Synthetische ETFs

Bei einem synthetischen Index dagegen kauft der dahinterstehende Fond nicht sämtliche Aktien der Unternehmen, die sich im Index befinden. Stattdessen versucht der Fond über Tauschgeschäfte mit Banken, den Index nachzubilden, ohne direkt in sämtliche Aktien investieren zu müssen.[21]

---

[19] https://www.faz.net/asv/exchange-traded-funds-3/zwei-arten-der-konstruktion-physisch-oder-synthetisch-14489815.html, abgerufen am 28.4.2019.

[20] https://global.vanguard.com/portal/site/loadPDF?country=at&docId=1409, abgerufen am 29.4.2019.

[21] https://www.faz.net/asv/exchange-traded-funds-3/zwei-arten-der-konstruktion-physisch-oder-synthetisch-14489815.html, abgerufen am 28.4.2019.

Wie erkennt man einen synthetischen ETF? Um herauszufinden, ob der ETF synthetisch investiert ist, sollten Sie die Anlegerinformation (u.a. das Verkaufsprospekt) konsultieren. Ein Indiz ist z.B. der folgende Auszug: „verwendet der Fonds ein Nachbildungsverfahren"[22].

Nachteil der synthetischen ETFs ist, dass es sich um keine 100%-ige Nachbildung handelt, sondern lediglich versucht wird den Index abzubilden. Der geringere Aufwand der synthetischen Fonds ist allerdings auch mit geringeren jährlichen Gebühren verbunden.

2.3.1.3 Ausschüttende ETFs

Ausschüttende ETFs schütten Dividenden sofort an den Anteilseigner aus. Dies beschert Ihnen als Anleger regelmäßige Einkünfte, die Ihnen frei zur Verfügung stehen. In Österreich werden diese Dividenden mit 27,5 % KESt besteuert. Doch wie erkennt man, dass ein ETF ausschüttend ist? Einerseits lässt sich bei der Suche nach ETFs nach dem Kriterium ausschüttend bzw. thesaurierend (nicht ausschüttend) suchen. Andererseits ist in der Regel bei den Basisinformationen angegeben, ob es sich um einen ausschüttenden oder thesaurierenden ETF handelt.

2.3.1.4 Thesaurierende ETFs

Thesaurierende ETFs schütten die bezahlten Dividenden nicht aus, sondern reinvestieren diesen Betrag automatisch in den bestehenden Fond. Während dem Anleger keine laufenden Dividenden zufließen, sorgt die stetige Reinvestition für einen automatischen Zinseszins-Effekt. Man könnte meinen, dass die Reinvestitionen bei thesaurierenden ETFs nicht der 27,5 %-igen KESt unterliegen. Doch wird bei thesaurierenden ETFs so getan, als würde die Dividende, die faktisch einbehalten wird, dem Investor zufließen[23].
Insgesamt bieten thesaurierende ETFs dennoch einen kleinen steuerlichen Vorteil aufgrund einer Steuerstundung[24]. Somit sind grundsätzlich thesaurierende Fonds den ausschüttenden Fonds vorzuziehen.

---

[22] https://global.vanguard.com/portal/site/loadPDF?country=at&docld=1409, abgerufen am 29.4.2019.

[23] https://www.konsument.at/geld-recht/investmentfonds-und-kest, abgerufen am 29.4.2019.

[24] https://www.konsument.at/geld-recht/investmentfonds-und-kest, abgerufen am 29.4.2019.

Ebenso wie Sie ausschüttende Fonds erkennen, erkennen Sie auch thesaurierende Fonds in den Basisinformationen. Zusätzlich können Sie anhand der Vorselektionskriterien eines Online Brokers die Suche auf thesaurierende Fonds eingrenzen.

2.3.2 Warum auf Index Fonds (ETFs) setzen?

Die Gründe für Index Fonds (ETFs) liegen auf der Hand: Verglichen mit einem aktiv verwalteten Fond, sind die Verwaltungsgebühren bei Index Fonds minimal. Die laufenden Kosten bei aktiv verwalteten Fonds liegen oftmals bei über 2 % (!), der Ausgabeaufschlag oftmals bei 5 % (!), verglichen mit 0 % Ausgabeaufschlag und oftmals unter 0,3 % laufenden jährlichen Kosten bei ETFs. Diese hohen Gebühren mindern den Depotwert und machen es für den Investor schwierig, überhaupt einen Gewinn zu erzielen.

Der erste Index Fond, den die Vanguard Gruppe auflegte, bekannt als der Vanguard 500, kostet Anlegern lediglich 0,14% jährliche Gebühren[25]. Hätten Sie in diesen Index Fond von Beginn an (1976) investiert und wären bis Mai 2019 investiert geblieben, hätten Sie sich jährlich (!) über eine Wertsteigerung iHv 11,07 % gefreut[26]. Hätten Sie 1976 15.000 Dollar in diesen Index Fond investiert, wären 30 Jahre später über 461.771 Dollar daraus geworden[27]. Nun werden Sie vielleicht fragen, wer so lange warten kann. Hätten Sie 10.000 Dollar vor 10 Jahren, im April 2009, in denselben Vanguard 500 Fond investiert, würden Sie heute über 41.063 Dollar verfügen[28].

Nur die wenigsten Fondsmanager sind in der Lage, den Markt zu schlagen. Jene die es schaffen, erreichen dies in der Regel nur mit hohen Kosten, weshalb Sie auf aktiv gemanagte Fonds verzichten sollten. Eine Studie von S&P zeigt, dass über einen Zeitraum von 15 Jahren lediglich 8 % der aktiv gemanagten Fonds den Index schlagen[29].

---

[25] https://personal.vanguard.com/us/funds/snapshot?FundId=0040&from=TPV&FundIntExt=INT, abgerufen am 1.5.2019.

[26] https://investor.vanguard.com/mutual-funds/profile/performance/vfinx, abgerufen am 1.5.2019.

[27] John C. Bogle, The little book of common sense investing. The only way to guarantee your fair share of stock market returns. John Wiley&Sons, Inc. 2007.

[28] https://investor.vanguard.com/mutual-funds/profile/performance/vfinx, abgerufen am 1.5.2019.

[29] Aye M. Soe & Ryan Poirier, S&P Dow Jones Indices, „SPIVA U.S. Scorecard", 2016.

Mit einem Index Fond sind Sie in der Lage, langfristig vom Marktwachstum zu profitieren. Versuchen Sie nicht, mittels aktiv gemanagtem Fond über das Marktwachstum hinauszukommen. Die Vergangenheit hat gezeigt, dass die Chancen hierfür minimal sind.

2.3.3 Wie/wo können Sie diese ETFs kaufen?

Wenn Sie zu Ihrer Hausbank und dem Berater Ihres Vertrauens gehen, werden Sie in der Regel keine ETFs erwerben können. Trotz der Beliebtheit von ETFs bieten Banken oftmals keine ETFs auf Indizes an. Banken werden dies damit begründen, dass sie eigene Produkte haben, die Ihren Interessen noch näher kommen bzw. noch mehr Wachstumspotential bieten.

Angesichts der eben dargelegten, äußerst seltenen Outperformance aktiv gemanagter Fonds iHv 8 % gegenüber dem Markt und den mit aktiv gemanagten Fonds verbundenen Kosten ist von diesen Alternativen tunlichst abzusehen. Die Bank und der Bankberater verdienen aufgrund der niedrigen Gebühren der Index ETFs nur schlecht daran, wenn Sie derartige Finanzprodukte erwerben.

Um an Index ETFs heranzukommen, ist lediglich ein Online Broker erforderlich. Diese bieten in der Regel eine große Auswahl an ETFs auf diverse Indizes an. Der ETF „iShares Core S&P 500 UCITS ETF - USD DIS" (0,07 % laufende Gebühren) bzw. der „iShares Core DAX UCITS ETF (DE) - EUR ACC" (0,16 % laufende Gebühren) ist z.B. über den Online Broker der Deutschen Kreditbank AG (DKB) erhältlich.

Ein ETF kann grundsätzlich jederzeit gekauft werden. Dabei kann ein einmaliger Betrag investiert werden oder über mehrere Monate z.B. über einen Sparplan laufend investiert werden.

Mittels Sparplan werden konstante Beträge monatlich angelegt. Damit werden kurzfristige Kursschwankungen ausgeglichen. Auch wird es Ihnen leichter fallen, einen kühlen Kopf zu bewahren. In Zeiten von Börsenhochs ist man angesichts der Gewinne leicht versucht, viel nachzukaufen, während man bei fallenden Kursen am liebsten zu kaufen aufhören möchte, um nicht noch mehr zu verlieren. Langfristig hat der Markt in der Vergangenheit nur einen Weg gekannt: nach oben. Doch je kürzer der Anlagezeitraum, desto weniger kann man sich auf einen Investmenterfolg verlassen.

Zu beachten gilt beim Sparplan jedoch, wie hoch die Transaktionskosten je investierter Sparrate sind. Die Angebote sind stark verschieden, doch oft beginnt eine mögliche Sparrate bei 50 €. In der Regel fällt pro getätigter Transaktion eine Gebühr an. Hohe Kosten bei jeder Sparrate zu zahlen macht es Ihnen langfristig sehr schwer, erfolgreich an der Börse zu investieren. Ich empfehle daher, pro Sparrate maximal (!) 1 % an Transaktionskosten zu tolerieren. Normalerweise bieten Online Broker verschiedene Intervalle für Sparbriefe an (z.B. monatlich, 2-monatlich, quartalsweise, etc.). Daher empfehle ich, die Entscheidung für ein Intervall entsprechend den Gebühren je Transaktion und basierend auf dem verfügbaren Kapital zu tätigen.

Ein Beispiel: Wenn Sie je Transaktion im Sparplan 1,50 € Transaktionskosten zahlen, sollte die Sparrate zumindest 150 € betragen. Zum Beispiel wäre es möglich, monatlich 150 € in den Sparplan zu investieren. Alternativ könnten Sie jedoch auch jedes zweite Monat 300 € investieren. In diesem Fall würden sich Ihre Transaktionskosten auf 0,5 % der Investitionssumme reduzieren. Würden Sie zum Beispiel je Transaktion 50 € investieren, hätten Sie schon bei jedem Kauf 1,5 € „Verlust". In der ersten Minute nach dem Kauf wären Ihre 50 € somit nur mehr 48,5 € wert, ein garantierter Verlust iHv 3 % je Transaktion. Zwar fallen die 1,5 € Transaktionskosten in der Regel auf einem anderen Konto (z.B. dem Girokonto) an und Ihr Depotwert bleibt bei 50 €. Insgesamt ist Ihr Verlust jedoch der soeben beschriebene.

2.3.4 Nachteile der Index-ETF Strategie

Ein Nachteil der Index-ETF Strategie ist, dass man durch den Kauf des gesamten Marktes zwangsläufig auch geringe Anteile weniger profitabler Unternehmen kauft. Durch einen Sparplan bzw. generell den kontinuierlichen Kauf von Anteilen werden schlechte Unternehmen jedoch im Index automatisch an Bedeutung und Wert verlieren.

Jene Unternehmen erreichen die höchste Marktkapitalisierung und damit die größte Bedeutung im Index, die langfristig die erfolgreichsten Unternehmen sind. Hier wird die Bedeutung des kontinuierlichen Investierens klar. Im Laufe der Zeit regelt sich der Markt selbst. Doch wer nur einmal kauft, kann zu einem nachteiligen Zeitpunkt einsteigen und schwache Unternehmen zu Höchstpreisen erwerben.

Ein weiterer Nachteil von ETFs besteht darin, dass die Börse über Jahre zu Übertreibungen und Untertreibungen neigt. In einer Hochkonjunktur, bei niedrigen Sparzinsen bzw. in bestimmten Boomphasen (die oftmals in Blasen enden, z.B. "Dotcom Blase" 2000, Immobilienblase 2007) erreichen die Börsenkurse weltweit schwindelerregende Höchststände. Die Aktien ebendieser Unternehmen verlieren in Börsencrashs schnell weit mehr als 50 % ihres Wertes. Da der Markt in der Regel als Ganzes übertreibt, ist man nun durch den Kauf eines Index Fonds in keinster Weise vor diesen generellen Marktübertreibungen geschützt. Gerade wer eine große Einmalinvestition in einen ETF tätigt, kann in einer folgenden Finanzkrise einen Großteil seines eingesetzten Kapitals verlieren.

Es gibt zwei Möglichkeiten, der gerade beschriebenen Gefahr, zu Höchstkursen zu kaufen, entgegenzuwirken: Einerseits sollten Sie das historische KGV (Kurs-Gewinn-Verhältnis) bzw. das historische P/E (Price-to-earnings, für ausländische Investments) untersuchen.

Dax-KGV (Kurs-Gewinn-Verhältnis im Dax)

https://www.boerse.de/dax-kgv/, abgerufen am 2.5.2019.

Das Kurs-Gewinn-Verhältnis setzt die Marktkapitalisierung (vereinfacht gesagt den Preis der Unternehmen) ins Verhältnis zu den Gewinnen der Unternehmen.

Auf diesem Chart ist klar ersichtlich, dass der Einstieg in den DAX zwischen 1990 und 2000 zu einem hohen Preis relativ zum Gewinn der Unternehmen getätigt wurde. Auch 2007 (kurz vor der Finanzkrise) war der Preis der Unternehmen in Relation zu ihren Gewinnen im Vergleich zu 2010 (nach der Finanzkrise) hoch.

S&P 500 Historisches KGV (price-to-earnings) seit 1930

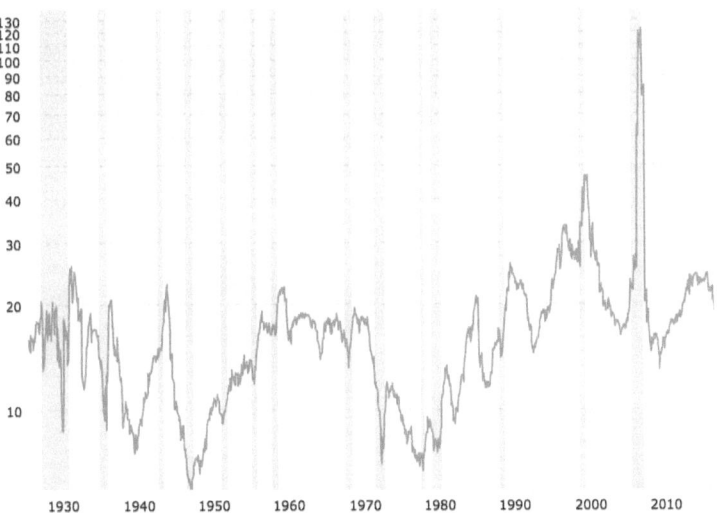

https://www.macrotrends.net/2577/sp-500-pe-ratio-price-to-earnings-chart, abgerufen am 2.5.2019.

Auf diesem Chart wird noch viel deutlicher, wie stark der Markt kurzfristig übertreiben kann. Die hohen Bewertungen der Unternehmen im Vergleich zu den Gewinnen sind sowohl während der „Dotcom Blase" 2000 als auch während der Immobilienblase 2007/2008 erkennbar. Auch die niedrigen Preise, die auf die Börsencrashs folgten, zeichnen sich klar ab.

Durch ein Investment nach diesen Börsencrashs hätten Sie sehr gute Ergebnisse erzielen können. Dagegen hätten Sie in einen überbewerteten Markt eingekauft, wenn Sie inmitten der hohen Bewertungen 2000/2007 in den ETF des S&P investiert hätten. Bevor Sie sich für einen Index-ETF entscheiden, empfiehlt es sich somit, das historische Kurs-Gewinn-Verhältnis des Index zu konsultieren. Übertreibungen nach unten bilden eine gute

Einstiegsmöglichkeit. Bei Übertreibungen nach oben sollten Sie jedenfalls keine großen einmaligen Investments tätigen, sondern maximal kontinuierlich mittels Sparplan investieren.

S&P 500 1960-2019

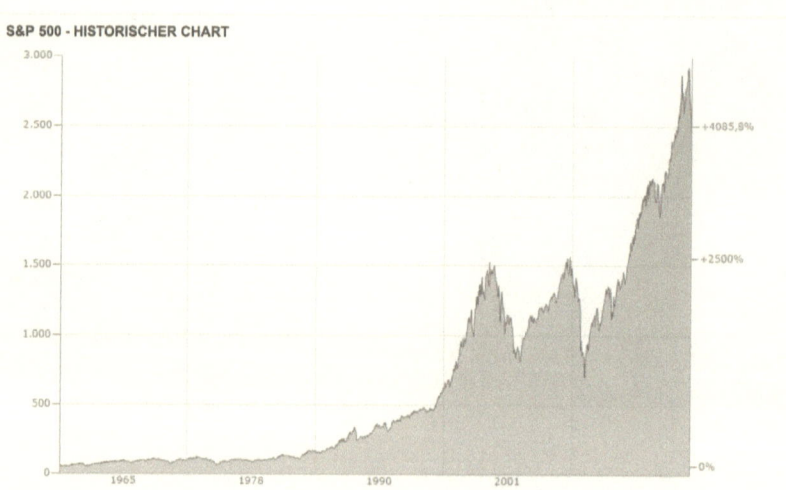

S&P 500 - HISTORISCHER CHART

https://www.finanzen.net/index/s&p_500/seit1928, abgerufen am 2.5.2019.

Die zweite Möglichkeit, sich gegen den Kauf zu Höchstkursen abzusichern, ist das kontinuierliche Investment mit einem Sparplan. Im obigen Chart ist ersichtlich, dass kurzfristig der ganze Markt (S&P 500) großen Übertreibungen sowohl nach oben als auch nach unten unterliegt. Doch langfristig geht der Trend nur in eine Richtung: nach oben. Daraus folgt: Wer kontinuierlich (monatlich, 2-monatlich, quartalsweise) in den Markt investiert, sollte langfristig positive Ergebnisse erzielen.

Ein weiterer Nachteil einer Investition in ETF gegenüber der Investition in einzelne Aktien besteht darin, dass jährliche Gebühren anfallen. Während beim Kauf von Einzeltiteln nur der Erwerb und die Veräußerung der Aktien mit Gebühren verbunden sind, gehen ETFs mit gewissen, wenngleich vergleichsweise sehr geringen Gebühren einher. Für Sie bedeutet dies, dass Sie bei der Auswahl des ETF auf die Gebühren achten sollten. Bei Index ETFs sind Gebühren unter 0,3 % jährlich in der Regel angemessen.

2.4 Solide Unternehmen selbst auswählen

2.4.1 Die Strategie

Die folgende Strategie, solide Unternehmen selbst auszuwählen, ist die zeitaufwändigste und damit auch wohl schwierigste Strategie, als Anfänger zu investieren. Diese Investitionsform ist für jene Anleger geeignet, die bereit sind, noch etwas mehr Zeit und Energie in die Aktienauswahl zu investieren, und daran Gefallen finden, Miteigentümer bestimmter erfolgreicher Unternehmen zu werden. All jene Investoren, die sich nur wenig mit dem Thema beschäftigen möchten, sind ausschließlich auf die vorherigen drei Strategien verwiesen, und können dieses Kapitel überspringen.

Die Strategie, solide Unternehmen selbst auszuwählen, beruht auf drei Eckpfeilern:
1. Top/Flop 52 Wochen
2. Solides Unternehmen mit Produkten/Dienstleistungen des täglichen Bedarfs
3. Morningstar Check (Cash Flow/Gewinn/Fremdkapital/Dividende/ Unternehmensbewertung)

In nachstehenden Unterkapiteln werden diese näher erörtert.

2.4.1.1 Top/Flop 52 Wochen

Der erste Schritt der Strategie beruht auf einer simplen Google Suche: „Top/Flop 52 Wochen", gefolgt von den größten nationalen Indizes, z.B. S&P 500 (USA), DAX (Deutschland), ATX (Österreich), EuroStoxx 50 (EU), FTSE 100 (Vereinigtes Königreich), SMI (Schweiz), OMX Stockholm (Schweden) etc. Natürlich können Sie auch einen längeren Zeitraum wählen.

Dadurch erkennen Sie, welche Unternehmen in den vergangenen 52 Wochen stark an Wert verloren haben. Diese Auswahl ist für Sie interessant, da kurzfristig stark gefallene Kurse eine Unterbewertung signalisieren können (!). Konzentrieren Sie sich also auf die am stärksten gefallenen Aktien, doch seien Sie nicht übermütig: Nicht jede stark gefallene Aktie ist automatisch unterbewertet, denn der Kursverfall kann berechtigte Gründe haben.

Genau darum geht es im nächsten Schritt: Die im Wert gefallenen Unternehmen sollen nun auf ihre Eignung und Qualität untersucht werden.

2.4.1.2 Solides Unternehmen mit Produkten/Dienstleistungen des täglichen Bedarfs

In diesem Schritt geht es darum herauszufinden, ob das Unternehmen, das Sie sich näher ansehen, ein solides, relativ „langweiliges" Unternehmen ist, das Produkte bzw. Dienstleistungen des täglichen Bedarfs erfolgreich verkauft.

Sehen Sie in Ihren Kühlschrank bzw. in Ihren Badezimmerschrank, o.ä.: Welche Produkte des täglichen Bedarfs befinden sich darin, die Sie täglich kaufen? Ein Paradebeispiel für ein solides Unternehmen mit Produkten/Dienstleistungen des täglichen Bedarfs ist Nestlé: Täglich kaufen und konsumieren Sie Produkte des Lebensmittelkonzerns, ohne es zu wissen. Es beginnt in der Früh, wenn Sie sich mit L'Oréal Produkten für den Tag frisch machen und anschließend einen Nespresso Kaffee konsumieren. Es geht weiter, wenn Sie tagsüber essen gehen und Ihr Lieblingsmineralwasser S. Pellegrino trinken oder ein Mövenpick Eis essen. Sie sind sich wahrscheinlich dessen gar nicht bewusst, wie viele Marken zu Nestlé gehören, die Sie täglich erwerben.

Ähnlich verhält es sich mit Unternehmen wie Danone, Procter & Gamble oder Beiersdorf. Zu den Marken von Procter & Gamble zählen unter anderem Ariel, blend-a-med, BRAUN, febreze, Gillette, head&shoulders, Pampers, Oral-B, und viele viele mehr.

Diese eben beschriebenen Unternehmen mit Produkten des täglichen Bedarfs verfügen über Marken, die eine derartige Marktmacht besitzen, dass sie teilweise von Konsumenten als Gattungsbezeichnung verwendet werden. Windeln z.B. sind fast bedeutungsgleich mit Pampers, Waschmittel mit Ariel, Rasierer mit Gillette, elektrische Zahnbürsten mit Oral-B.

Diese Unternehmen können als relativ sicher bezeichnet werden, da sie sich jahrelang bewährt haben. Sie haben eine starke Marke aufgebaut, von der nicht auszugehen ist, dass sie übermorgen bei den Konsumenten keine Käufer mehr findet.

Eben aus dem Grund, dass es sich um relativ sichere Unternehmen handelt, deren Zukunft tendenziell wenig Unsicherheit bietet, sind deren Aktien nur sehr selten unterbewertet. Doch in Zeiten allgemeiner Marktunsicherheit, z.B. während einer

Finanzkrise, fallen auch die Aktien dieser Unternehmen: eine perfekte Kaufgelegenheit. Zusätzlich bietet die zuvor besprochene Methode, die Suche nach „Top/Flop Werten" die Möglichkeit, schnell potentiell kurzfristig unterbewertete Unternehmen zu identifizieren.

Nur wenige Unternehmen werden übrig bleiben, die die ersten beiden Punkte bestehen. Doch es geht beim Investieren nicht darum, voreilig zu handeln, sondern nur dann zu investieren, wenn sich eine entsprechende Gelegenheit bietet.

2.4.1.3 Morningstar Check

Hat das Unternehmen die ersten beiden Hürden gemeistert, gilt es nun einige Hard Facts zu klären: Durch eine simple Google Suche des Unternehmens, gefolgt von Morningstar, bekommen Sie gratis Zugang zu bedeutenden fundamentalen Kennzahlen, die Sie für Ihre Analyse benötigen. Morningstar ist ein renommiertes US Unternehmen, das verlässliche und relevante Kennzahlen zu weltweit börsennotierten Unternehmen liefert. Dabei werden Ihnen historische Kennzahlen geboten, für deren Berechnung Sie viel Zeit benötigen würden. Sie werden nicht immer Finanzkennzahlen zu allen Unternehmen (gratis) finden, doch Morningstar deckt mit seinem Angebot ein großes Spektrum an Unternehmen ab.

Folgend zeige ich Ihnen, wie Sie zu den gewünschten Finanzkennzahlen kommen, anhand des Beispiels von Procter & Gamble:

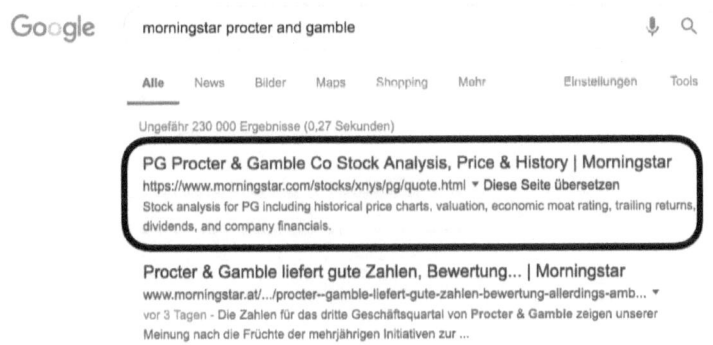

Wählen Sie das Ergebnis Stock Analysis, Price&History, dadurch kommen Sie direkt zur folgenden Webseite:

https://

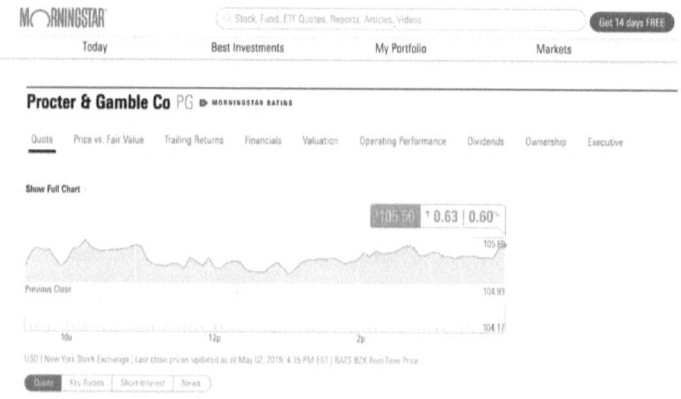

www.morningstar.com/stocks/xnys/pg/quote.html, abgerufen am 3.5.2019.

Für Sie interessant sind die Kategorien Financials (= Kennzahlen), Valuation (= Unternehmensbewertung), Operating Performance (= Betriebsleistung), Dividends (= Dividenden).

Financials

Fiscal	)12	2013	2014	2015	2016	2017	2018	YT
Revenue (Bil)	▷	▷	74.40	70.75	65.30	65.06	66.83	50.5
Operating Income (Bil)	▷	▷	13.91	13.08	13.44	13.96	13.71	10.6
Operating Margin %	▷	▷	18.70	18.48	20.58	21.45	20.52	21.1
Net Income (Bil)	▷	▷	11.39	6.78	10.25	15.08	9.49	8.5
Diluted Earnings Per Share	▷	▷	4.01	2.44	3.69	5.59	3.67	3.4
Operating Cash Flow (Bil)	▷	▷	13.96	14.61	15.44	12.75	14.87	11.0
Capital Spending (Bil)	▷	▷	-3.85	-3.74	-3.31	-3.38	-3.72	-2.5
Free Cash Flow (Bil)	▷	▷	10.11	10.87	12.12	9.37	11.15	8.5
Average Shares Outstanding (Bil)	▷	▷	2.90	2.88	2.84	2.74	2.66	2.6

https://www.morningstar.com/stocks/xnys/pg/quote.html, abgerufen am 3.5.2019.

Revenue steht für Umsatz, dieser sollte steigen. Net Income steht für Gewinn und sollte nach oben zeigen, jedenfalls nicht negativ sein (auch in der Vergangenheit). Von größtem Interesse sollte für Sie jedoch die Kennzahl Operating Cash Flow bzw. Free Cash Flow sein. Beide Kennzahlen sollten stets positiv sein und sind höher als die Kennzahl Gewinn zu gewichten. Wenn Sie den Free Cash Flow im Verhältnis zum Jahresumsatz setzen, sind Kennzahlen über 5 % gut, über 10 % sehr gut.

Um die operative Ertragskraft des Unternehmens weiter zu analysieren, bieten sich folgende drei Kennzahlen der Kategorie „Operating Performance" an:

- Return on Assets (ROA)
- Return on Equity (ROA)
- Return on Invested Capital (ROIC)

Operating Performance

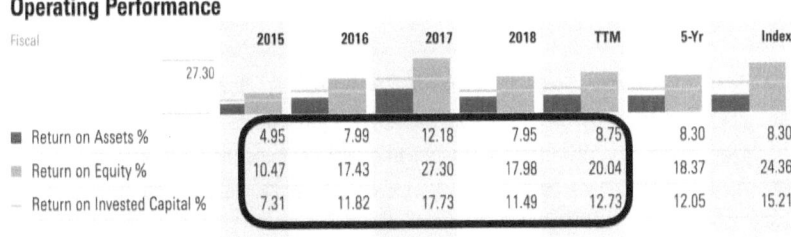

Fiscal	2015	2016	2017	2018	TTM	5-Yr	Index
Return on Assets %	4.95	7.99	12.18	7.95	8.75	8.30	8.30
Return on Equity %	10.47	17.43	27.30	17.98	20.04	18.37	24.36
Return on Invested Capital %	7.31	11.82	17.73	11.49	12.73	12.05	15.21

https://www.morningstar.com/stocks/xnys/pg/quote.html, abgerufen am 3.5.2019.

Return on Assets (ROA) stellt den Unternehmensgewinn nach Steuern in Relation zur Bilanzsumme des Unternehmens. Grundsätzlich ist ein Wert über 5 % gut, über 10 % sehr gut. Bei sehr kapitalintensiven Unternehmen (z.B. Energieunternehmen, Banken, Versicherungen) darf das Return on Asset niedriger sein. Bei weniger kapitalintensiven Unternehmen (z.B. Dienstleistungsbranchen) dagegen sollte man ein höheres Return on Assets voraussetzen.

Return on Equity (ROE) stellt den Unternehmensgewinn nach Steuern in Relation zum Eigenkapital. Somit liefert es grundsätzlich Aufschluss darüber, wie effizient das Unternehmen sein Eigenkapital investiert. Ein Return on Equity iHv über 10 % ist gut, über 20 % sehr gut, über 30 % außerordentlich.

Doch auch bei dieser Kennzahl sind zwei Faktoren zu berücksichtigen: Es gibt Branchen, in denen Unternehmen traditionell mit wenig Eigenkapital finanziert sind (z.B. Fluglinien). Ein hoher Return on Equity ist jedoch bei hoher Fremdkapitalfinanzierung als wenig bedeutend einzustufen. Ebenso kann ein Unternehmen durch die Verringerung des Eigenkapitals bzw. durch die Erhöhung des Fremdkapitals, seinen Return on Equity (ROE) bei gleichbleibender Profitabilität künstlich steigern. Um dies herauszufinden, gilt es die Fremdkapitalquote zu eruieren: Da dies auf den Morningstar Auswertungen nicht aufzufinden ist, reicht eine kurze Google Suche „Unternehmen XY debt to equity" oder „Unternehmen XY Fremdkapitalquote". Ein Wert oberhalb 3 ist schlecht, unter 2 ist okay, unter 1 ist gut, unter 0,5 sehr gut.

Return on Invested Capital (ROIC) stellt (etwas vereinfacht beschrieben) den operativen Unternehmensgewinn nach Steuern in Relation zum Gesamtkapital abzüglich nicht verzinslicher kurzfristiger Verbindlichkeiten dar. Ein Wert oberhalb 10 % ist gut, oberhalb 15 % sehr gut.

Dividenden sind neben Aktienrückkäufen eine Möglichkeit, an die Aktionäre Gewinnbeteiligungen auszuschütten. Die Beurteilung von Aktienrückkäufen ist deutlich komplexer als jene von Dividenden, und folgt in einem der folgenden Kapitel. Für den Aktien-Einsteiger empfehle ich daher die Konzentration auf Dividenden mittels folgender zweier Kennzahlen:

- Trailing Dividend Yield %
- Payout Ratio %

Das Trailing Dividend Yield % gibt an, wie sehr sich Ihr Kapital unter Beibehaltung der zuletzt gezahlten Dividende jährlich (vor Abzug der Steuern) erhöhen wird. Je höher das Trailing Dividend Ratio ist, desto besser für Sie als Investor.

Um einschätzen zu können, ob das Unternehmen auch künftig in der Lage sein wird, eine derart hohe Dividende zu zahlen, ist die zweite Kennzahl, das Payout Ratio hilfreich: es gibt an, wie hoch die gesamte Gewinnausschüttung in % des Gewinns ausfällt. Wenn Sie nun wissen, dass eine Aktie ein Trailing Dividend Yield iHv 10 % aufweist, mit einem Payout Ratio iHv 120 %, sollten Sie vorsichtig sein. Langfristig muss das Unternehmen entweder Kredite aufnehmen oder Barmittel kürzen, um eine Dividende zu zahlen, die höher als der Jahresgewinn ausfällt. Ein hohes Trailing Dividend Yield mit einer Payout Ratio bis zu 50 % ist ideal, bis zu 75 % okay. Ab 90 % ist die Nachhaltigkeit der Dividende bei stagnierenden bzw. sinkenden Gewinnen jedenfalls stark zu hinterfragen. Ein Trailing Dividend Yield iHv über 2 % ist gut, über 3 % sehr gut, zwischen 4 und 6 % außerordentlich hoch.

Dividends & Splits   Dividends   Splits

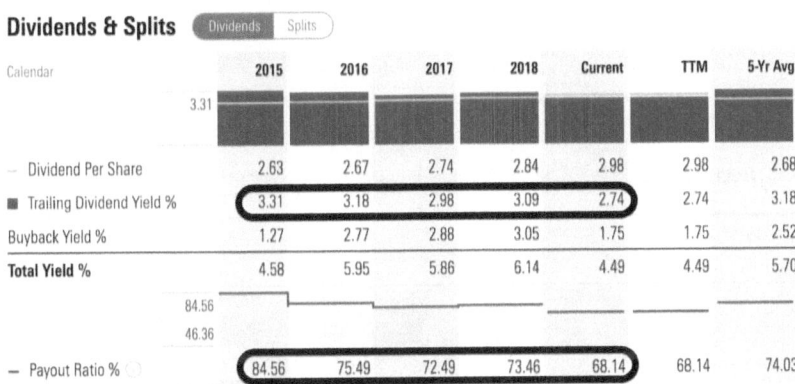

Calendar	2015	2016	2017	2018	Current	TTM	5-Yr Avg
3.31							
— Dividend Per Share	2.63	2.67	2.74	2.84	2.98	2.98	2.68
■ Trailing Dividend Yield %	3.31	3.18	2.98	3.09	2.74	2.74	3.18
Buyback Yield %	1.27	2.77	2.88	3.05	1.75	1.75	2.52
Total Yield %	4.58	5.95	5.86	6.14	4.49	4.49	5.70
84.56							
46.36							
— Payout Ratio %	84.56	75.49	72.49	73.46	68.14	68.14	74.03

https://www.morningstar.com/stocks/xnys/pg/quote.html, abgerufen am 3.5.2019.

Das Trailing Dividend Yield % setzt die (jährliche) Dividendenausschüttung an Aktionäre (vor Abzug der Steuern) in Relation zum Aktienkurs. Vergleichen kann man es mit dem Zinssatz eines nicht fest gebundenen Sparbuchs: Aktuell freut man sich als Inhaber eines klassischen Sparbuchs ohne Bindung bereits über magere Zinsen iHv 0,05 % pro Jahr, wobei die Zinsen auf Tagesgeld bei Onlinebanken oftmals höher ausfallen[30]. Legt man nun 1000 € auf ein Sparbuch mit 0,05 % p.a. Verzinsung, erhält man dafür pro Jahr 0,5 € Zinsen (vor Abzug der Kapitalertragsteuer). Investiert man dagegen in eine Aktie mit fiktivem Wert iHv 1000 € und einem Trailing Dividend Yield iHv 3 %, würde man hierfür 30 € Dividende jährlich (vor Abzug der Steuern) erhalten. Dies entspricht dem 60-fachen für die Aktie, verglichen mit den Zinsen eines Sparbuchs.

Wenn sich das Trailing Dividend Yield % erhöht, kann dies entweder an einem gesunkenen Aktienkurs, oder an einer gestiegenen Dividende liegen. Wenn ein Aktienkurs

---

[30] https://www.tagesgeldvergleich.net/veroeffentlichungen/sparzinsen-der-100-groessten-banken-deutschlands.html#durchschnittszinsen, abgerufen am 7.5.2019.

stark zurückgeht, können Sie als Aktionär somit davon profitieren, einfach gesagt „günstig hohe Dividenden" zu kaufen.

Anzumerken ist, dass eine Dividende im Ermessen der Hauptversammlung liegt. Das bedeutet, dass Sie als Aktionär keinen fixen Anspruch darauf haben, im nächsten Jahr dieselbe Dividende wie im Vorjahr zu erhalten. Die Hauptversammlung kann die Dividende erhöhen, jedoch auch vermindern oder zur Gänze streichen. In der Regel verringern Unternehmen ihre Dividende jedoch nur bei begründeten Gewinneinbrüchen, außerordentlich erhöhten Kosten oder ähnlichem. Unternehmen streichen ihre Dividende nur in außerordentlichen Einzelfällen, da dadurch bestehende Aktionäre abgeschreckt werden und die Attraktivität der Aktie für potentielle neue Investoren stark abnimmt.

Valuation

Calendar	2015	2016	2017	2018	Current	5-Yr	Index
Price/Sales	3.09	3.65	3.82	3.63	4.13	3.34	2.12
■ Price/Earnings	25.70	23.82	24.50	24.00	25.07	23.56	20.51
▪ Price/Cash Flow	15.75	15.96	18.62	16.38	18.11	16.33	13.19
-- Price/Book	3.51	3.76	4.30	4.48	4.89	3.87	3.12
Price/Forward Earnings	21.28	21.93	21.98	20.92	22.42	20.25	—
PEG Ratio	3.19	2.95	3.08	3.00	3.10	2.95	—
Earnings Yield %	3.89	4.20	4.08	4.17	3.99	4.28	—
Enterprise Value (Bil)	233.72	243.08	251.30	250.35	286.16	241.55	—
Enterprise Value/EBIT	18.57	17.33	18.32	18.10	20.50	17.39	—
Enterprise Value/EBITDA	14.92	14.22	15.23	15.02	17.12	14.31	—

https://www.morningstar.com/stocks/xnys/pg/quote.html, abgerufen am 3.5.2019.

Darauf folgt der Teil Valuation (= Unternehmensbewertung). Für Sie von größtem Interesse sollten die folgenden drei Kennzahlen sein:

- Price/Earnings
- Price/Cash Flow
- Enterprise Value/EBIT

Price/Earnings steht für das Kurs-Gewinn-Verhältnis (KGV), und setzt den Börsenkurs in Relation zum Unternehmensgewinn je Aktie. Werte unter 15 sind gut, unter 10 günstig und zwischen 5 und 10 als sehr günstig einzustufen. Unternehmen mit KGVs unter 5 sind in der Regel mit Vorsicht zu genießen: Das Unternehmen könnte sich in größeren Schwierigkeiten befinden, die sich im aktuell veröffentlichten Gewinn noch nicht widerspiegeln bzw. könnte die Branche sich in einem generellen Abschwung befinden. Jedenfalls sollten Sie bei KGVs unter 5 die aktuellen Gegebenheiten überprüfen und die Hintergründe nachvollziehen, um später böse Überraschungen zu vermeiden. Neben der aktuellen Kennzahl sollte das KGV auch im Zeitablauf berücksichtigt werden: Ist es in letzter Zeit stark gefallen, bzw. stark gestiegen? Sind etwaige Kursrückgänge durch faktische Gewinnrückgänge gerechtfertigt, oder übertreibt der Markt? Oder hat sich der Kurs einer Aktie stetig erhöht, obwohl die dahinter stehenden Unternehmensgewinne gleich geblieben sind bzw. stagnieren? Ebendiese Fragen können Sie mit dem Kurs-Gewinn-Verhältnis beantworten.

Neben dem Kurs-Gewinn-Verhältnis gibt es noch das bedeutendere Price/Cash Flow Verhältnis: Es setzt den Börsenkurs in Relation zum Cash Flow je Aktie. Neben der historischen Entwicklung ist die absolute Zahl von Bedeutung: Werte unter 15 sind okay, unter 10 gut und zwischen 5 und 10 als sehr gut einzustufen.

Die dritte Kennzahl von besonderem Interesse ist der Enterprise Value/EBIT. Sie ist von Bedeutung, da bisher ausschließlich Kennzahlen berücksichtigt wurden, die Ergebnisse in Relation zur Marktkapitalisierung an der Börse setzen. Doch es macht für Sie als Anleger einen Unterschied, ob neben der Finanzierung über die Börse keinerlei Verpflichtungen gegenüber weiteren Kapitalgebern bestehen, oder ob Ihr Unternehmen, in das Sie zu investieren gedenken, hohe Kredite bei Banken ausständig hat. Ebenso macht es für Sie einen Unterschied, ob das Unternehmen über viel Bargeld verfügt oder nicht: All diese Faktoren und viele weitere fließen in den Enterprise Value ein, anders als bei der Marktkapitalisierung.

Durch die Betrachtung des Enterprise Value/EBIT können Sie nun auf einen Blick Unternehmen ausschließen, die an der Börse niedrig bewertet sind, aber hohe Bankverbindlichkeiten aufweisen oder über keinerlei Barmittel verfügen. Das EBIT (Earnings Before Interest and Taxes) entspricht grob dem Ergebnis aus den operativen Tätigkeiten, vor Abzug von Steuern (Taxes) bzw. dem Finanzergebnis (Interest). Ein

Enterprise Value/EBIT iHv unter 10 ist angemessen, zwischen 5 und 10 ist gut bis sehr gut.

Zusammenfassend sind folgende Kennzahlen mittels Abruf der Morningstar Analysen zu bewerten:

Financials	1	3	5
Revenue (= Umsatz)	Starker stabiler Umsatzanstieg	Gleich bleibender Umsatz	Langfristiger Umsatzrückgang
Net Income (= Gewinn)	Stets positiv und steigend	Stagnierende/ volatile Gewinne	Mehrmals Verlust, schwache Gewinne
Operating Cash Flow	Stets positiv und steigend	Stets positiv aber sinkend	Negative/schwache Operating Cash Flows
Free Cash Flow	Stets positiv und steigend	Stets positiv aber sinkend	Negative/schwache Free Cash Flows
Free Cash Flow/Revenue	> 10 %	> 5%	<3 %

Operating Performance	1	3	5
Return on Assets %	>10 %	> 5 %	< 2 %
Return on Equity %	> 30 %	> 10 %	< 5 %
Return on Invested Capital	> 15 %	> 8 %	< 3 %
Fremdkapitalquote (debt to equity ratio)	< 0,5	< 1,5	> 3

Dividends	1	3	5
Trailing Dividend Yield %	> 3,5 %	> 2 %	< 1,5 %
Payout Ratio %	< 50 %	50 - 75 %	> 75 %

Valuation	1	3	5
Price/Earnings	< 10	< 18	> 25
Price/Cash Flow	< 8	< 16	> 20

Valuation	1	3	5
Enterprise Value/EBIT	< 6	< 12	> 18

2.4.2 Warum solide Unternehmen selbst auswählen?

Die Selbstauswahl von Unternehmen ist die zeitaufwendigste Möglichkeit, in Aktien zu investieren. Diese Strategie ist für jene Anleger, die selbst ihr Glück bei der Aktienselektion versuchen möchten - entweder zusätzlich zu einer der anderen vorangegangenen Strategien oder ausschließlich über diese Variante.

Die drei soeben angeführten Schritte decken die wichtigsten Faktoren ab, die für eine Aktienauswahl erforderlich sind. Mit dieser Methode können Sie beliebig oft Unternehmen analysieren. Mit jeder Anwendung werden Sie sich noch sicherer fühlen und schnell ein Gefühl für die wichtigsten Unternehmenskennzahlen bekommen. Sie werden nicht mehr nur die Top/Flop 52 KW Recherche benötigen, um potentiell unterbewerte Unternehmen zu filtern, sondern in Medienberichten erkennen, wann ein Unternehmen Ihre Aufmerksamkeit verdient. Auch werden Sie laufend im Alltag Unternehmen erkennen, die dem Kriterium eines Produkts/einer Dienstleistung des täglichen Bedarfs entspricht.

Der Vorteil der Selbstauswahl gegenüber der Variante, in Berkshire Aktien zu investieren, ist dass Sie die Aktien und die dahinterstehenden Unternehmen, in die Sie investieren, verstehen, und wissen ob Sie zu einem hohen oder günstigen Preis kaufen. Außerdem fehlt die Ungewissheit, wie sich das Unternehmen bei einem Rückzug Warren Buffetts aus Berkshire Hathaway weiter entwickeln wird.

Gegenüber der Möglichkeit, Buffett zu imitieren, bietet diese Variante den Vorteil, dass die Auswahl auf einer eigenen Recherche beruht. Damit sollte es auch in Zeiten, in denen die Aktie leidet, für Sie leichter sein, bei Ihrer Entscheidung zu bleiben und nicht in Panik zu verkaufen.

Da man bei ETFs immer einen ganzen Markt kauft, kaufen Sie automatisch bei einer Börsenhausse überbewertete Unternehmen gemeinsam mit dem ganzen Markt ein. Durch die Selbstauswahl ist es für Sie möglich, einzelne Unternehmen mit hohen Bewertungen über die Kennzahlen Kurs-Gewinn-Verhältnis, Kurs-Cashflow-Verhältnis bzw. Enterprise Value/EBIT auszuschließen.

2.4.3 Wie/wo können Sie diese Aktien kaufen?

Der Kauf der von Ihnen ausgewählten Aktien ist bei börsennotierten Unternehmen problemlos möglich, sowohl über Ihre Hausbank als auch über ein Online Depot. Der Kauf ist jederzeit möglich.

2.4.4 Nachteile einer Selbstauswahlstrategie

Die Nachteile einer Selbstauswahlstrategie sind wie folgt: Offensichtlich bedarf die Strategie der Selbstselektion deutlich mehr Zeit, als die drei vorhergehenden Varianten. Während man durch die Investition in einen ETF bzw. in Berkshire A- oder B- Aktien gut diversifiziert ist, ist für eine minimale Diversifikation bei dieser Strategie die Investition in zumindest 5 Aktien unterschiedlicher Branchen erforderlich, wobei man erst ab 10-20 verschiedenen Aktien von tatsächlicher Diversifikation sprechen kann.

Auch werden Sie mit dieser Strategie oftmals keine Treffer erzielen, da die Kriterien sehr hoch gesteckt sind und sichere Unternehmen mit Produkten des täglichen Bedarfs und starken Kennzahlen in der Regel nicht günstig zu haben sind. Bis Sie ein Unternehmen ausfindig machen, in das es sich zu investieren lohnt, kann jedoch auf eine der anderen Strategien zurückgegriffen werden.

Die Investition in verschiedene Aktien erfordert nicht nur ausreichend gute Investitionsmöglichkeiten und Zeitaufwand, sondern ein bestimmtes Mindestkapital Ihrerseits. Mit jeder Investition in Einzelaktien tragen Sie Transaktionskosten, die Ihren Gewinn schmälern. Auch hier empfehle ich, dass die Transaktionskosten maximal (!) 1 % der investierten Summe ausmachen dürfen, wobei auch hier gilt: Je niedriger, desto besser. Bei Transaktionskosten iHv 10 € je Transaktion würde dies bedeuten, dass Sie je Investition in Einzelaktien zumindest 1.000 € investieren sollten. Für ein minimal diversifiziertes Portfolio mit 5 verschiedenen Einzelinvestments, benötigen Sie somit zumindest 5.000 € Kapital.

Ich habe bereits zuvor verdeutlicht, wie wenige aktiv gemanagte Fonds es schaffen, überhaupt den Markt zu schlagen. Diese Fonds werden in der Regel durch professionelle Fondsmanager aufgelegt, deren Erfahrung und Kompetenz über die eines Einsteiger-Investors hinausgehen. Die traurige Wahrheit ist somit, dass es für Sie schwierig sein wird, herausragende Ergebnisse zu erzielen. Warren Buffett hat bewiesen, dass er den Markt schlagen kann, aber können Sie es auch? Und denken Sie ein besseres Händchen für Aktien als Warren Buffett selbst zu haben? All diese Überlegungen machen deutlich, dass es mit der Selbstauswahl schwierig sein wird, den Markt bzw. Warren Buffetts Portfolio zu schlagen. Dies liegt nicht zuletzt daran, dass die Variante, die ich vorgestellt habe, bestimmten Vereinfachungen unterliegt, die erforderlich sind, um für Aktien-Einsteiger geeignet zu sein.

Zuletzt besteht die Problematik, dass Sie bei der Selbstauswahl von Unternehmen bestimmten psychologischen Fallstricken unterliegen werden: Schon bei der Auswahl werden Sie beginnen zu versuchen, Dinge zu sehen um schlauer als der Markt zu sein. Besonders bei sehr günstig bewerteten Unternehmen (äußerst niedrige Kurs-Gewinn-Verhältnisse) tendiert man dazu, das Unternehmen in einem positiven Licht zu sehen, und sieht über Fakten hinweg, die das Investment unattraktiv machen. Wenn Sie jemals bei einem Mode-Ausverkauf Dinge gekauft haben, die Ihnen nicht 100 % gepasst oder gefallen haben, aber aufgrund des Schnäppchens trotzdem zugeschlagen haben, wissen Sie wovon die Rede ist.

Wenn Sie die ersten Erfolge mit Ihrem Depot einfahren, werden Sie von der Erfolgswelle gestützt geneigt sein, mehr und mehr in ebendiese Aktie zu investieren. Auch werden Sie es bereuen, in erfolgreiche Investments nicht mehr investiert zu haben. Dagegen werden Sie versuchen, sich weniger gut gelaufene Investments schön zu reden. Ebenso geläufig ist es, positive Investmentergebnisse auf die eigene Kompetenz zurückzuführen und negative Investments auf externe Faktoren zu schieben.

In Zeiten eines Börsenhochs, d.h. wenn der gesamte Markt und damit Ihr Depotwert steigt, werden Sie versucht sein, mehr zu investieren. In Zeiten eines Börsenabschwungs, wenn Ihr Depotwert sinkt, werden Sie sich dagegen schwer damit tun, die günstigen Preise zu nützen und zu kaufen. Stattdessen werden Sie vorsichtig werden, Ihre eigenen Investments hinterfragen und darüber nachdenken bestimmte Aktien zu verkaufen, gerade jene die gefallen sind und damit eigentlich günstiger geworden sind.

Bei all diesen Fallstricken gilt es, sich der eigenen Psyche bewusst zu werden und gleichzeitig zu versuchen, möglichst rational zu denken. Dabei hilft es, Aktien mit den selben Augen zu sehen, wie man tägliche Einkäufe betrachten würde: Wenn Sie ein Duschgel besonders anspricht, weil es gut riecht und Sie von dessen Qualität überzeugt sind, und heute bereit sind 2 € dafür zu zahlen, würden Sie - wenn sich der Preis morgen auf 1,8 € ändern würde - sicherlich nachkaufen, um sich damit einzudecken. Vielleicht würden Sie sogar Duschgel auf Vorrat kaufen, da Sie es später vielleicht nicht mehr so günstig bekommen. Wenn sich herausstellt, dass das Duschgel schädliche Inhaltsstoffe enthält, werden Sie von einem Zukauf absehen. Doch wenn sich an der Qualität des Duschgels nichts geändert hat, gibt es keinen Grund, es am darauffolgenden Tag weniger bereitwillig zu kaufen. Wenn Sie Aktien ähnlich betrachten, wird es Ihnen leichter fallen, auf Kursveränderungen besser zu reagieren. Als Aktionär besitzen Sie einen kleinen Anteil eines Unternehmens, Sie befinden Sich in keinem Casino: Verhalten Sie sich auch so und der langfristige Erfolg ist Ihnen sicher.

2.5 Für wen welche Strategie ist und wie viele man anwenden sollte

Die vier verschiedenen Strategien sind für jeden Aktien-Anfänger möglich. Um herauszufinden, welche Strategien für Sie die richtigen sind, habe ich zwei Dimensionen definiert, anhand derer Sie die für Sie geeignete Strategie selbst auswählen können:

1) Zeitaufwand
2) Einstellung zum Risiko

Je nach Zeitaufwand, den Sie betreiben möchten bzw. je nachdem wie viel Zeit Ihnen zur Verfügung steht, empfehle ich folgende Strategie:

So oft und so lange möchte ich mich mit Investments/ Aktien beschäftigen	Berkshire Aktien	Buffett imitieren	ETF (Index)	Selbstauswahl
1 Mal im Jahr (<1 Stunde)	Nein	Nein	JA	Nein
Alle vier Monate (< 1 Stunde)	JA	Nein	JA	Nein
1 Mal im Monat (< 1 Stunde)	JA	JA	JA	Nein

So oft und so lange möchte ich mich mit Investments/ Aktien beschäftigen	Berkshire Aktien	Buffett imitieren	ETF (Index)	Selbstauswahl
1 Mal im Monat (> 2 Stunden)	JA	JA	JA	JA

Traditionell fragen Bankberater bei einem Investment-Beratungsgespräch nach der Risikofreudigkeit/Risikoaversion des Anlegers. Sie empfehlen traditionell risikoreichere Investments für risikofreudige Anleger, und sichere Anlagen für risikoaverse Anleger. Dies scheint auf den ersten Blick logisch. Doch wie zuvor bereits angesprochen, spielt die eigene Psyche für den Börsenerfolg eine nicht untergeordnete Rolle. Risikofreudige Anleger werden tendenziell eher zur Selbstüberschätzung neigen und vielleicht zu schnell und zu unüberlegt Investmententscheidungen (z.B. die individuelle Aktienauswahl) treffen. Dagegen werden risikoaverse Anleger lieber einmal zu oft ihre Aktienanalysen hinterfragen und bei ersten Erfolgen ihre vorläufigen „Kursgewinne" kritischer sehen als ein risikofreudiger Investor dies tun würde. Daher empfehle ich folgende Strategie:

Risikofreudigkeit	Berkshire Aktien	Buffett imitieren	ETF (Index)	Selbstauswahl
Sehr konservativ (bisher nur Bargeld oder Sparbuch)	JA	JA	JA	JA
Leichte Risikofreude (nur langfristig, nur Bluechips (= stabile Großunternehmen)	JA	JA	JA	JA
Hohe Risikofreude (Interesse an Start-ups/kleinen Unternehmen, kurzfristig)	JA	JA	JA	Nein
Sehr hohe Risikofreude (Interesse an Optionen/ Futures/Zertifikaten/Hebel)	JA	Nein	JA	Nein

Viele werden gerade mit dieser Empfehlung nicht übereinstimmen. Einziges Ziel der zweiten Empfehlung ist es, Sie vor hohen Verlusten aufgrund von Spekulation und unterschätztem Risiko zu bewahren.

Nun stellt sich noch die Frage: Wenn sämtliche Anlageformen für Sie geeignet sind, sollen Sie sich dann für eine der Varianten entscheiden oder mehrere Strategien verfolgen? Mehrere Strategien zu verfolgen bringt einen Faktor mit, den es nicht zu unterschätzen gilt: Kosten. Während die ETF und Berkshire Strategie nur geringe Transaktionskosten mit sich bringen, sieht es bei der Selbstauswahl bzw. Imitation Buffetts schon anders aus: Um einen Mindest-Diversifizierungsgrad zu erreichen, sollten Sie jedenfalls ausreichend Kapital besitzen, um in 5 verschiedene Einzeltitel sinnvoll (Transaktionskosten max. (!) 1 % der investierten Summe) investieren zu können.

Es bietet sich an, gerade zu Beginn mit einer Investition in einen ETF bzw. in Berkshire Aktien zu beginnen, und erst später auf die fortgeschritteneren Varianten (Buffett imitieren bzw. die Selbstauswahl) umzusteigen. Wenn Sie sich jedoch sicher sind und schon zu Beginn Ihre Aktien selbst auswählen möchten, um z.B. nur in Unternehmen zu investieren, die Sie mit Ihrem Kapital unterstützten möchten, können Sie dies mit den eben beschriebenen Methoden tun. Wenn Sie langfristig dabei bleiben und einige Regeln der nachstehenden Kapitel beachten, sollten Sie auch so erfolgreich an der Börse investieren können. Doch seien Sie sich dessen bewusst, dass selbst die Besten der Besten oft den Markt nicht schlagen.

Fazit

Es gibt für Sie vier Strategien, mit denen Sie als Einsteiger-Investor an der Börse erfolgreich sein können, die je nach verfügbarer Zeit, Risikofreudigkeit und persönlichem Befinden für Sie geeignet sind.

Die ersten beiden Strategien beruhen auf der Kompetenz des langfristig erfolgreichen Investors, Warren Buffett: Bei der einen Strategie erwerben Sie einfach die Aktien des Börsengurus, Berkshire Hathaway A/B direkt. Bei der anderen Strategie vollziehen Sie die einzelnen Investments Buffetts nach und imitieren dessen Kaufentscheidungen.

Bei der dritten Strategie investieren Sie in einen ETF (Index Fond). Dabei machen Sie sich die positive langfristige Entwicklung des Marktes zu Nutze.

Zu guter Letzt gibt es für Sie die für Sie zeitaufwändigste Strategie, die Selbstauswahl der Aktien mittels dreier Schritte: Top/Flop 52W, Produkte/ Dienstleistungen des täglichen Bedarfs und Morningstar Check.

Sie müssen sich nicht für eine der vier Strategien entscheiden, sondern können mehrere oder alle der genannten Möglichkeiten verfolgen. Dafür ist neben Ihrem verfügbaren Kapital auch Ihr verfügbarer Zeitaufwand sowie Ihre Einstellung zum Risiko ausschlaggebend.

3. Warum das Folgende nicht in der Liste war

3.1 Immobilien

Immobilien werden oftmals als das ideale Investment für Einsteiger beworben. Die dafür angeführten Gründe sind vielfältig: Immobilien gewinnen immer an Wert bzw. werden zumindest stets einen sicheren Wert besitzen und erzielen nebenbei stabile Mieteinnahmen, während Aktien unsicher sind und wertlos werden können.

Warum sind Immobilien für den Einsteiger-Investor meiner Meinung nach nun nicht geeignet? Zunächst haben die wenigsten das erforderliche Vermögen, um sich neben einem Eigenheim noch eine Immobilie leisten zu können. Wenn Sie über Immobilien mit Freunden oder Verwandten sprechen, wird man Ihnen oftmals erklären, dass Sie einen Kredit aufnehmen können und mit der Wertsteigerung der Immobilie, die höher ist als die Zinszahlung, der Kredit sich praktisch von selbst zurückzahlt. Man wird Ihnen vorrechnen, dass Sie mit wenig Eigenkapital mit der erzielten Miete hohe Renditen auf das Eigenkapital erzielen werden. Außerdem wird man Ihnen erklären, dass Sie bestimmte Ausgaben von der Steuer absetzen können.

3.1.1 Ein Rechenbeispiel

In meinem Wohnort Perg habe ich unlängst eine neue Wohnung gesehen, die mit ca. 70 m² Wohnfläche auf einen Preis iHv ca. 160.000 € kam. Dieselbe Wohnung hätte man auch um ca. 650 € monatlich mieten können (inkl. Betriebskosten). Für den privaten Erwerb der Wohnung iHv ca. 160.000 € hätte ich sicherlich 10 % für Maklerprovision, Notar, Grunderwerbsteuer, Grundbucheintragung, etc. aufwenden müssen. Dies ergibt für mich einen Kaufpreis von ca. 176.000 €.

Wenn ich nun die Wohnung gekauft und um 650 € monatlich vermietet hätte, hätte ich monatlich ca. 550 € (Miete abgzl. 100 € Betriebskosten) einbehalten können. Jährlich wäre ich damit auf Mieteinnahmen iHv 6.600 € gekommen. Damit komme ich auf eine Rendite vor Steuern (!) iHv 3,75 % (6.600/176000) jährlich, unter der Annahme dass die Immobilie zur Gänze mit Eigenkapital finanziert ist und keinerlei Instandhaltungskosten anfallen. Mieteinnahmen werden bei einer Privatperson in einem Angestelltenverhältnis zum selben Steuersatz versteuert wie das restliche Einkommen.

Geht man dagegen davon aus, dass der Kaufpreis zu 20 % aus Eigenmitteln und zu 80 % mit Fremdkapital finanziert ist, sieht die Sache schon ganz anders aus: Nehmen wir einen Zinssatz für den Kredit iHv 3 % an. 80 % der 176.000 € werden fremdfinanziert, dies entspricht 140.800 €. Unter der Annahme eines endfälligen Kredits und eines jährlichen Zinssatzes iHv 3 % ergeben sich jährliche Zinszahlungen iHv 4.224 €. Zieht man nun die 4.224 € Kosten für Zinsen von den Mieteinnahmen ab, bleiben jährlich 2.376 €. Damit sinkt die Rendite auf das eingesetzte Kapital (2376/176000) auf 1,35 % vor (!) Steuern. Zwar können Sie die Zinsaufwendungen unter Umständen steuerlich geltend machen, dennoch sind die Erträge nach Steuern in diesem Fall minimal.

In diesem Beispiel wurden weder ein Mietausfall noch Instandhaltungskosten noch Ihre eigene Zeit eingerechnet. Die Rendite vor (!) Steuern iHv 1,35 % bringt jedoch einen hohen Kredit mit sich, der Ihnen im Fall eines Jobverlustes, ungeplanter Zusatzkosten (z.B. Unterhaltspflichten, Kosten aufgrund eines Unfalls etc.) große Kopfschmerzen bereiten kann.

Sehr gerne wird hier die Rendite auf das eingebrachte Kapital (35.200€) iHv 6,75 % vor Steuern (2376/35200) ins Spiel gebracht. Doch der Kauf über Fremdkapital ist mit sämtlichen Anlageformen möglich. Dass die Immobilie allein keine Absicherung dafür ist, dass man seinen Kredit jederzeit bezahlen kann, da Grundstückspreise immer steigen und im Fall eines Kreditausfalls höher bewertete Immobilien einfach risikolos zu einem höheren Preis verkauft werden können, hat die Finanzkrise 2007 gut demonstriert. Somit macht es rein aus mathematischer Sicht für Sie keinen Sinn, in Immobilien zu investieren.

3.1.2 Verfügbare Mittel, Spezialwissen, Zeitaufwand

Doch die Gründe, warum ich einen Immobilienkauf für Anfänger nicht für ratsam erachte, gehen noch weiter: Neben der Tatsache, dass die meisten nicht über die erforderlichen Mittel verfügen, eine Wohnung zu kaufen, sind Wohnungen wie im vergangenen Beispiel ersichtlich nicht immer günstig. Das obige Beispiel ist keine Seltenheit und zeigt, dass bei einer Rendite iHv 3,75 % vor Steuern ohne Berücksichtigung jeglicher außerordentlicher Kosten viele Wohnungen heute relativ teuer sind.

Gerade Neubauwohnungen sind oftmals im Vergleich zu den erzielbaren Mieten sehr hoch bewertet. Spezialisten mögen in der Lage sein, unterbewertete abgewohnte Wohnungen zu identifizieren, zu renovieren und sehr profitabel zu verkaufen bzw. zu vermieten. Doch viele versuchen ihr Glück auf dem Immobilienmarkt. Um eine unterbewertete Immobilie zu finden, ist viel Wissen und Erfahrung nötig, über die man als Investment-Einsteiger in der Regel nicht verfügt. Sobald Sie eine unterbewertete Wohnung gefunden haben, müssten Sie diese wahrscheinlich renovieren lassen.

Zuletzt erfordert der Umgang mit problematischen Mietern, die Verwaltung der Liegenschaft etc. von Ihnen viel Zeitaufwand und ist damit verglichen mit den soeben vorgestellten Methoden des Aktieninvestments für Sie als Investment-Einsteiger ungeeignet.

3.1.3 Der Kauf von Grund und Boden

Vom Kauf von Grund und Boden allein rate ich ab, da dieser keine jährlichen Erträge (= Mieten) abwirft. Hier vertraut man nur auf eine potentielle Wertsteigerung in der Zukunft.

3.1.4 Das Eigenheim als Investitionsobjekt

Die vorhergehende Diskussion beschäftigte sich stets mit einem Investment in eine Immobilie, die man vermietet und nicht selbst bewohnt. Eine weitere Alternative eines Investments könnte nun darin bestehen, das Geld in Ihre eigene Immobilie zu investieren. Natürlich kann es Sinn machen, in eine Eigentumswohnung oder ein Haus zu investieren, um nicht Miete zahlen zu müssen. Doch einer Tatsache sollten Sie sich bewusst sein: Durch ein Eigenheim erzielen Sie klarerweise keinerlei Renditen. Und von Wertsteigerungen profitieren Sie erst durch den Verkauf. Doch nur selten plant man den Verkauf eines Eigenheims. Somit werden Sie von Wertsteigerungen Ihres Hauses nur selten profitieren.

3.1.5 Profitable Alternative: Airbnb

Noch ein letzter Punkt: Airbnb bietet die Möglichkeit, sein Eigenheim bzw. Teile davon kurzfristig bis langfristig zu vermieten. Auch diese Variante kann zeitaufwändig und kompliziert sein. Doch verglichen mit traditionellen Mietpreisen kann Airbnb sehr lukrativ sein, zumal Gäste oftmals nur einzelne Nächte buchen. Viele Hotels verrechnen heute pro Nacht zwischen 50 und 100 € für eine Unterkunft pro Nacht pro Person. Wenn Sie also eine Immobilie besitzen, könnten Sie überlegen zumindest Teile davon zu vermieten. Aufgrund der besprochenen Hotelpreise sind Airbnb Kunden bereit Nächtigungspreise zu zahlen, die monatlich deutlich darüber hinaus gehen, was Mieter in einem Monat zahlen würden.

Hier ist jedoch die rechtliche Entwicklung zu beobachten: Während die Vermietung über Airbnb aktuell noch wenig reguliert ist, plant die österreichische Regierung eine Registrierungspflicht der Privatvermieter. Zusammen mit einer geplanten EU-Richtlinie, die die Meldung sämtlicher Buchungen und Umsätze an die Behörde vorsieht, soll so für mehr Steuergerechtigkeit gesorgt werden[31]. Wie auch immer Sie diesen Entwicklungen gegenüberstehen, Airbnb wird dadurch wahrscheinlich etwas an Attraktivität verlieren.

---

[31] https://diepresse.com/home/wirtschaft/economist/5601149/Meldepflicht-fuer-Airbnb-geplant, abgerufen am 25.8.2019.

3.2 Edelmetall

3.2.1 Edelmetall als Krisenwährung

Edelmetall, insbesondere Gold, aber auch Silber, Platin, etc. wird gerne als das sicherste Investment überhaupt gehandelt. Die dafür genannten Gründe sind vielfältig: Gold ist weltweit begrenzt und somit nicht unendlich reproduzierbar, es hat in der Vergangenheit (gerade in Krisenzeiten) stets seinen Wert gehalten und als Krisenwährung gedient.

Gold verkörpert somit seit jeher eine stabile, sichere Anlageform. Insbesondere Menschen, die eine Finanzkrise bzw. eine Währungsentwertung befürchten, suchen den Ausweg in Gold. Hier sei zunächst angemerkt, dass die USA nach der Weltwirtschaftskrise 1929 ein Goldverbot im Jahr 1933 einführten: Der private Goldbesitz wurde (bis auf minimale Ausnahmen) verboten, Goldbestände (Barren, Münzen, etc.) mussten bei staatlichen Stellen abgegeben werden, andernfalls drohten u.a. Haftstrafen von bis zu 10 Jahren[32]. Das Goldverbot bestand für 41 Jahre und versagte somit als Krisenwährung zur Gänze, wenn man sich als Bürger an die geltenden Gesetze hielt[33].

3.2.2 Keine Erträge, Kosten, der Goldkurs und die Abhängigkeit vom Dollar

Warum stand Edelmetall nun nicht in der Liste der geeigneten Investmentformen für Einsteiger-Investoren: Ziel dieses Ratgebers ist, dass Sie Ihr Vermögen vermehren. Gold bringt Ihnen jedoch keinerlei Einnahmen während der gesamten Haltedauer (kein Zins, keine Dividenden, etc.). Die einzige Möglichkeit, Ihr Vermögen mit Gold zu vermehren, findet über die Wertsteigerung des Edelmetalls statt.

Doch hierbei stoßen Sie an mehrere Grenzen: Erstens ist der Verkaufspreis, den Sie für den Erwerb eines Edelmetalls von einer Bank bezahlen, in der Regel höher als jener Preis, zu dem die Bank ebendieses Edelmetall wieder zurückkauft. Zweitens ist - bis auf Gold - der Erwerb von Silber und Platin umsatzsteuerpflichtig. Das heißt, Sie verlieren bei jedem Ankauf von Silber oder Platin um bspw. 120 € pro Minute nach dem Kauf 20 € (= 20

---

[32] https://www.goldseiten.de/wissen/goldstandard/geschichte/goldverbot.php, abgerufen am 11.5.2019.

[33] https://www.goldseiten.de/wissen/goldstandard/geschichte/goldverbot.php, abgerufen am 11.5.2019.

% Umsatzsteuer). Aus diesem Grund kaufen Sie, wenn Sie in Edelmetalle investieren, ausschließlich Gold (dies ist auch in kleinen Stückelungen möglich). Drittens tragen Sie für die gesamte Behaltedauer das Risiko, dass Ihr Edelmetall gestohlen wird, wenn Sie es zuhause aufbewahren. Auch ein Safe ist vor professionellen Einbrechern nicht sicher. Entschließen Sie sich dagegen, es zu versichern und in einer Bank in einem Schließfach aufzubewahren, fallen für Ihr Gold, das keinerlei Erträge abwirft, jährliche Fixkosten an, die Ihren Anlageerfolg noch unwahrscheinlicher machen.

Zuletzt kommt es bei der Frage, ob Sie Ihr Edelmetall mit Gewinn wieder verkaufen können, auf zwei Punkte an: 1. Wie hat sich das Edelmetall preislich entwickelt? 2. Wie hat sich der Euro im Vergleich zum Dollar entwickelt? Somit ist das vermeintlich sicherste Investment der Welt eine reine Spekulation auf die Wertentwicklung des Goldes und des Dollars. Selbst wenn sich der Goldpreis positiv entwickelt hat, kann eine Aufwertung des Dollars und damit eine Abwertung des Euros Ihren Investmenterfolg zunichte machen.

3.2.3 Zwei Fälle, in denen Sie in Edelmetalle investieren können

Auch wenn Edelmetalle grundsätzlich als Investment zur Vermögensvermehrung für Sie als Einsteiger-Investor ungeeignet sind, halte ich Gold in folgenden zwei Fällen für sinnvoll:

3.2.3.1 Gold als Notreserve

Wenn Sie Angst vor einer Finanzkrise/Währungsentwertung/Krieg haben, investieren Sie kontinuierlich (!) kleine Beträge in Gold. Mittels kontinuierlichem Investment können Sie hohe Preisschwankungen ausgleichen und verhindern, große Beträge zu außerordentlich hohen Preisen zu investieren.

Warum nur kleine Beträge? Es wird Ihnen schwer fallen, mit einem goldenen Wiener Philharmoniker im Wert von über 1.000 € einkaufen zu gehen. Entsprechend empfiehlt es sich, kleinere Münzen (z.B. kleine Philharmoniker, kleine 1g/2g/5g-Barren, Dukaten bzw. Kronen) zu kaufen. Auch wenn bei kleinerer Stückelung Sie verglichen mit einem 1kg Goldbarren weniger Gold für Ihr Geld erhalten, sollten Sie sich angesichts Ihres Ziels, im Fall einer Krise über eine wertbehaftete Tauschwährung zu verfügen, mit den kleineren Stückelungen begnügen.

Keinesfalls (!) sollten Sie auf Sammlermünzen zurückgreifen. Bei Anlegermünzen richtet sich der Preis nach dem Goldpreis. Sammlermünzen kosten mehr als vergleichbare Münzen mit dem selben Goldgehalt und sind im Fall einer Krise nicht mehr wert als reine Anlegermünzen. Auf Silber bzw. Platin sollten Sie aus den bereits besprochenen Gründen (20 % Umsatzsteuer) verzichten.

Betrachten Sie dieses Gold jedoch als das was es ist: Keine Investition, sondern ein reiner Sicherheitspolster für schlechte Zeiten, den Sie hoffentlich niemals angreifen müssen.

3.2.3.2 Gold als Geschenk

In Österreich werden die Pro-Kopf Ausgaben für Weihnachtsgeschenke auf 542 € geschätzt[34]. Man füge Geschenke für Geburtstage, Ostern, Namenstage, Erfolge (Matura, Sponsion, etc.) hinzu und schnell wird klar: Die Menschen in Österreich verschenken jährlich viel, und bekommen wiederum viele Geschenke retour. Während man als Kind noch unbegrenzt viele Wünsche hat, sieht es bei Erwachsenen anders aus: Je älter man wird, desto eher steigt man auf Geldgeschenke bzw. Gutscheine um. Doch wie wäre es, sich einmal Gold zu wünschen bzw. mit dem Bargeldgeschenk Gold zu kaufen?

So viel ist sicher: Das Gold wird in zehn Jahren mehr wert sein als ein Konsumprodukt, das man sich mit dem Geld sonst hätte kaufen können. Auch Schmuck wird in der Regel nach zehn Jahren deutlich weniger Wiederverkaufswert besitzen, denn bei Goldschmuck bezahlen Sie deutlich mehr je Gramm Gold als beispielsweise bei einer reinen Goldmünze. Natürlich kommt es immer wieder vor, dass bestimmte Uhren, Schmuck, etc. Sammlerwert erlangen.

Doch dies kann kaum vorhergesehen werden, sodass in den meisten Fällen Schmuck und Uhren nach vielen Jahren und entsprechenden Gebrauchsspuren stark an Wert verloren haben. Gold dagegen lässt sich wieder einschmelzen, und verliert somit nicht aufgrund von leichten Gebrauchsspuren bzw. aufgrund des Alters an Wert.

---

[34] https://www.die-wirtschaft.at/die-wirtschaft/so-viel-geben-die-oesterreicher-zu-weihnachten-aus-173514, abgerufen am 11.5.2019.

3.2.4 Wie/wo Gold erwerben

Es wird Ihnen schwer fallen, als Laie die Echtheit von Gold zu prüfen. Entsprechend sollten Sie nur von seriösen Anbietern Gold erwerben. Dazu zähle ich unter anderem Münze Österreich[35]. Bei Münze Österreich können Sie entweder online bestellen (Achtung: Versandkosten) oder Münzen, Barren, etc. direkt in der Filiale in Wien erwerben. Alternativ können Sie bei Ihrer Hausbank oder in einer Filiale (u.a. in Linz, Graz, Innsbruck, Salzburg, Klagenfurt) der Fa. Ögussa[36] (Marktführer in der Edelmetallverarbeitung in Österreich[37]) Gold erwerben.

Gold sollten Sie wie bereits kurz angesprochen kontinuierlich kaufen, um große Kursschwankungen auszugleichen. Verkaufen sollten Sie nur, wenn Sie einen Kredit ausständig haben und darauf Zinsen bezahlen.

Übrigens empfehle ich ausschließlich den Kauf von physischem Gold, d.h. Barren oder Münzen. Freilich bestünde die Möglichkeit, in Edelmetall verarbeitende Unternehmen bzw. börsennotierte Goldminen zu investieren. Doch diese Investments sind für Einsteiger erstens zu kompliziert, zweitens können Sie in einer Krisenzeit nur mit physischem Gold Ihre Einkäufe tätigen und drittens hat es als Geschenk einfach viel weniger Reiz als physisches Gold.

3.3 Sonstige Sachwerte

Neben Gold gibt es viele weitere Sachwerte, die sich für ein Investment grundsätzlich anbieten. Vorweg: Wenn Sie Experte in einem der unten genannten Gebiete sind, können Sie selbstverständlich darin investieren. Doch für Anfänger in den jeweiligen Sachwerten halte ich entsprechende Investitionen für ungeeignet.

---

[35] https://www.muenzeoesterreich.at/, abgerufen am 11.5.2019.

[36] https://www.oegussa.at/de/kontakt/ansprechpartner/, abgerufen am 11.5.2019.

[37] https://www.oegussa.at/de/unternehmen/leitbild/, abgerufen am 11.5.2019.

3.3.1 Rohstoffe/Öl

Investitionen in Rohstoffe/Öl halte ich generell für nicht empfehlenswert. Die physische Investition, z.B. die Lagerung von Öl in großen Öltanks bringt hohe Lagerungskosten mit sich und die Wertentwicklung von Rohstoffen/Öl ist nur schwer vorhersehbar und somit reine Spekulation.

Darauf werden Sie vielleicht erwidern, dass man den Preis von Öl leicht vorhersagen kann, indem man sich das Wetter bzw. geopolitische Krisen zu Nutzen macht: Im Winter ist die Nachfrage nach Öl aufgrund der niedrigen Temperaturen viel höher, daher ist der Ölpreis im Winter in der Regel höher. Somit kann man profitabel investieren, indem man Öl im Sommer billig einkauft und im Winter mit Gewinn zu einem höheren Preis wieder verkauft. Klingt vernünftig? Klingt logisch? Tatsächlich ist das Gegenteil der Fall: In den letzten zehn Jahren war Heizöl in den Monaten Dezember, Jänner und Februar deutlich günstiger als in den darauf folgenden Monaten März bis Mai[38].

Wenn es so einfach und profitabel wäre, Öl im Sommer zu kaufen und im Winter zu verkaufen, würden dies so viele Investoren tun, bis alle im Sommer kaufen und der Preis sich entsprechend umkehrt. Dies nennt man Arbitrage und bedeutet, dass man nicht einfach mit simplen Ableitungen sichere Gewinne auf Rohstoffe einfahren kann. Ebendieses Beispiel zeigt, wie schwierig es ist, als Privatanleger Preise mithilfe makroökonomischer Prognosen vorherzusagen.

Da hier lediglich die physische Investition angesprochen wurde, möchte ich noch anmerken, dass ich auch jegliche Investitionen in Rohstoffe/Öl über Futures/Zertifikate/ Optionen strikt ablehne. Neben den zuvor genannten Gründen, die hier ebenso gelten, kommt noch hinzu, dass es sich um hochspekulative Investitionsformen handelt, die für den Einsteiger völlig ungeeignet sind.

3.3.2 Oldtimer/Autos

Autos sind grundsätzlich (bis auf bestimmte Sammlerstücke, die jedoch meistens sehr teuer sind) eine Anlageform, die das Wort Investment nicht verdient: Bei einem Neukauf eines Autos erleidet man jährlich mehr als 10%-ige Wertverluste, nach ein paar Jahren hat

---

[38] https://www.fastenergy.at/heizoelpreis-durchschnitt.htm, abgerufen am 12.5.2019.

sich der Wert eines Autos halbiert. Daher ist beim Kauf eines Autos der Wertverlust garantiert. Auch bei Gebrauchtwagen ist vom Kauf als Investition abzuraten: Bestimmte Modelle können nach vielen Jahren an Wert gewinnen. Doch dafür muss es sich um besondere Fahrzeuge handeln, die in der Anschaffung und Erhaltung so teuer sind, dass Sie nur in den seltensten Fällen positiv aussteigen werden. Daher rate ich auch hier von einer Investition ab.

3.3.3 Kunst

Kunstobjekte (z.B. Malerei, Skulpturen) sind für Sie als Investment-Anfänger nicht geeignet, da diese viel Spezialwissen erfordern, keine Renditen abwerfen und bei entsprechend hohem Wert diebstahlgefährdet sind. Außerdem sind Kunstobjekte für die Mittelschicht nur von solchen Künstlern erschwinglich, deren künftiger Ruhm noch ungewiss ist. Bilder von bekannten Künstlern (z.B. Picasso, Monet, Klimt, etc.) sind unerschwinglich.

Wenn Sie in Künstler investieren möchten, weil Sie diese unterstützen möchten bzw. ein Bild Ihnen gefällt, können Sie dies tun - doch tun Sie es im vollen Bewusstsein, dass es sich hier um keine Investition handelt, sondern um die Verfolgung eines privaten Hobbies. Finanziell werden Sie jedoch mit den von mir vorgestellten Strategien besser abschneiden.

3.3.4 Wein

Wein ist aus denselben Gründen für Sie nicht empfehlenswert. Sie benötigen Expertenwissen, um besondere Jahrgänge zu identifizieren, die nach 10-20 Jahren an Wert gewinnen. Außerdem fallen bei der Aufbewahrung und Haltung keinerlei Erträge, sondern ausschließlich Kosten an, weshalb ein Investment in Wein verglichen mit den vorgestellten Strategien unattraktiv ist.

3.3.5 Sonstige Sachanlagen (Comics, Briefmarken, Zigarren)

Auf Comics, Briefmarken sowie Zigarren treffen die zuvor genannten Gründe ebenso zu (keine Renditen während der Behaltedauer, unsichere Wertentwicklung, Lagerhaltungskosten, Sonderwissen und viel Zeitinvestition erforderlich). Daher erweisen sich auch diese Investitionsformen als nicht geeignet für Sie als Investment-Einsteiger, es sei denn Sie besitzen bereits Spezialwissen in einem dieser Bereiche.

3.4 Online Sparen, Sparbuch, Bausparen

Viele Menschen, die konservativ an Geldanlage herangehen, veranlagen ihr Geld hauptsächlich bzw. ausschließlich über einen Bausparvertrag, ein Sparbuch bzw. online über Tagesgeld bzw. Festgeld. Alle diese Anlageformen sind zwar aktuell ganz schlecht verzinst. Dennoch sind sie für den Aufbau einer eisernen Reserve dringend erforderlich.

Für einen Bausparvertrag bekommt man heute minimale Zinsen, auch die staatliche Prämie ist so gering, dass es ihrer Erwähnung kaum bedarf[39]. Nach 6 Jahren Bausparvertrag bei der Bausparkasse mit monatlichem Sparplan und staatlicher Prämie hat sich das Sparvermögen nach 6 (!) Jahren um insgesamt (nicht jährlich!) 7,45 % erhöht[40].

Auch bei einem Sparbuch freut man sich heute über einen Zinssatz iHv 0,1 %. Bei Online Tagesgeld ist heute mit 0,2 % im Mittelwert zu rechnen, während Festgeld je nach Bank deutlich höhere Zinssätze einbringen kann, doch selbst hier ist in der Regel bei 1 % Schluss. Gerade bei Online Tagesgeld bzw. Festgeld empfiehlt es sich jedoch, nicht wegen minimalen %-Punkten risikoreich die eigene eiserne Reserve anzulegen.

Von den oben genannten Anlageformen rate ich Ihnen als Investitionsform ab, weil diese Sparformen keine nennenswerten Erträge liefern. Bei einem Sparbuch mit einem Guthaben iHv 10.000 € freut man sich z.B. nach einem Jahr über 10 € Kapitalertrag (vor KESt). Dennoch sind sie wie oben schon besprochen für die Bildung einer eisernen Reserve erforderlich: Neben der Anlage in Aktien benötigen Sie eine eiserne Reserve, auf die Sie jederzeit zugreifen können, und die verhindert, dass Sie in schlechten Börsenzeiten Aktien verkaufen müssen.

---

[39] https://durchblicker.at/bausparen/vergleich/
ergebnis#calcid=3e29125905700a53d841fd1a641315aeaa3634c0, abgerufen am 13.5.2019.

[40] https://durchblicker.at/bausparen/vergleich/
ergebnis#calcid=3e29125905700a53d841fd1a641315aeaa3634c0, abgerufen am 13.5.2019.

Doch wie hoch sollte diese eiserne Reserve sein? Zumindest sollten Sie damit 3 Monate in der Lage sein, sämtliche Kosten zu decken, um im Falle eines Jobverlustes abgesichert zu sein. Noch besser ist es natürlich, ein halbes Jahr, idealerweise ein Jahr Erhaltungskosten als eiserne Reserve zu bilden. Damit können Sie auch in Zeiten einer Finanzkrise und eines Jobverlustes Ihren Lebensstil finanzieren, ohne gezwungen zu sein, auf Ihr Aktiendepot zurückzugreifen.

3.5 Anleihen

Anleihen sind - stark vereinfacht ausgedrückt - ähnlich wie Aktien, jedoch in Form von Fremdkapital: Ein Emittent (z.B. ein Staat, ein Unternehmen) gibt Anleihen aus, die von Käufern gezeichnet werden. Die Anleihe hat einen Kurs, der nach oben und unten schwanken kann. Im Zentrum jeder Anleihe steht ihr Coupon, d.h. der Zins der Veranlagung.

Anleihen sind für Sie ungeeignet, da Staatsanleihen sicherer Nationen heutzutage in der Regel nur mehr minimale Erträge liefern. Unternehmensanleihen bieten zwar oftmals einen höheren Coupon, doch der alleine entscheidet noch nicht über die Rendite Ihres Investments. Für diese kommt es nämlich zusätzlich auf den Kurs der Anleihe an. Je niedriger der Anleihekurs im Vergleich zur Erstausgabe, desto besser Ihre Rendite. Umgekehrt gilt, dass auch bei einem hohen Coupon aufgrund eines deutlich erhöhten Anleihekurses die erwartete Rendite schwach, im Extremfall sogar negativ sein kann.

Aufgrund der verschiedenen Laufzeiten und der damit einhergehenden Vielfalt und Komplexität vieler zu beachtender Details (nachrangig, unbesichert/besichert, mündelsicher, variabel-/fix-verzinst, etc.) und der vergleichsweise niedrigen Ertragchancen, rate ich Ihnen als Einsteiger-Investor von Investitionen in Anleihen ab.

3.6 Aktiv gemanagte Fonds, Social Trading

Zuvor haben Sie schon gesehen, dass nur die wenigsten Fondsmanager in der Lage sind, den Markt zu schlagen (lt. der zitierten S&P Studie lediglich 8 % über einen Zeitraum von 15 Jahren)[41]. Angesichts der mit einem aktiv gemanagten Fond verbundenen Kosten und

---

[41] Aye M. Soe & Ryan Poirier, S&P Dow Jones Indices, „SPIVA U.S. Scorecard", 2016.

der minimalen laufenden Kosten eines Index-ETF, bedarf es wohl keiner weiteren Erklärung, warum Sie keinesfalls in einen aktiv gemanagten Fond investieren sollten.

Bei Social Trading handelt es sich um eine private, unregulierte Form der aktiv gemanagten Fonds: Auf Wikifolio.com[42] z.B. können private Anleger ihre Investments in einem Fond abbilden, der von anderen privaten Usern des Portals gekauft werden kann. Auch wenn es sich um eine grundsätzlich spannende Idee handelt, stellt sich doch die Frage, warum private Fondsmanager den Index schlagen sollten, während Professionisten daran scheitern? Aus diesem Grund rate ich auch hier zum ETF, da er den Markt abbildet und für Sie sehr günstig in den Markt investiert.

3.7 Start ups, Crowdfunding/Crowdinvesting, Peer2Peer Kredite

Start ups sind Unternehmensneugründungen, an denen Sie sich aus folgendem einfachen Grund nicht beteiligen sollten: 90 % aller Start ups scheitern, davon bereits 80 % innerhalb der ersten drei Jahre[43]. Anders als etablierte, börsennotierte Unternehmen, die durch eine starke Marke, Marktbekanntheit, Kundenbindungsprogramme, u.ä. über einen fixen, großen Kundenstamm verfügen, beginnen Start Ups als Kleinstunternehmen, deren Unternehmenserfolg angesichts der Statistiken und der mangelnden Bekanntheit bzw. Marke höchst unsicher ist. So man nicht eine besondere Verbindung zu einem Gründungsteam bzw. Produkt verspürt, ist entsprechend stark von derart riskanten Investitionen abzuraten.

Beim Crowdfunding können u.a. Privatpersonen in Unternehmen investieren, erhalten hierfür jedoch keinen Anteil o.ä., sondern lediglich einen symbolischen Wert. Dies ist ausschließlich für jene geeignet, die nur an der Realisierung einer Idee/eines Unternehmens interessiert sind. Für alle, die an einem finanziellen Erfolg einer Unternehmung teilhaben möchten, ist diese Investmentform ungeeignet.

Crowdinvesting dagegen kommt einer Investitionsform deutlich näher: Hier können Investoren Eigenkapitalanteile an Start Ups erwerben. Obwohl diese Form der Geldanlage

---

[42] https://www.wikifolio.com/de/de/7-gruende?gclid=CjwKCAjwq-TmBRBdEiwAaO1en3cfawaewwqrELxGsxSPq_poA8LbAk8eX-SC4Q5nA35UnSjfqeN9FhoCq_UQAvD_BwE, abgerufen am 13.5.2019.

[43] https://www.gruenderpilot.com/wie-viele-startups-scheitern/, abgerufen am 23.5.2019.

dem Crowdfunding vorzuziehen ist, ist es bei Crowdinvesting mangels eines verpflichtend zu veröffentlichenden Jahresabschlusses schwierig, verlässlich die finanzielle Ertragskraft, Stabilität und Finanzierung des Start Ups zu prüfen. Dazu kommt das oben bereits erwähnte, erhöhte Risiko bei Start-Up Gründungen.

Beim Peer-to-peer (P2P) lending agieren Investoren dagegen als Fremdkapitalgeber: Ohne an eine Bank gebunden zu sein, vergeben Privatpersonen Kredite an andere Privatpersonen. P2P lending erscheint mit Renditen von oftmals 12 % im aktuellen Zinsumfeld außerordentlich attraktiv[44]. Doch kaum eine Privatperson wäre bereit, in der aktuellen Niedrigzinsphase zu solchen Konditionen einen Kredit aufzunehmen, wenn sie bei einer Bank einen Kredit zu durchschnittlichen Bedingungen bekommen würde.

Tatsächlich steht die Anzahl jener Kredite, die über 180 Tage ausständig sind, bei Lendy's bei 20 % aller ausstehenden Kredite[45]. Somit handelt es sich um eine sehr riskante Investitionsform, bei der Ihre Möglichkeiten, den Kreditnehmer bzw. das Start Up genau unter die Lupe zu nehmen (Bilanzcheck, etc.), stark eingeschränkt sind. Aus all diesen Gründen rate ich von der Investition in die oben genannten Anlageformen ab.

3.8 Devisen/Kryptowährungen

Der Handel mit Devisen (=Fremdwährungen) ist für Sie als Privatanleger ungeeignet, da Sie bei dieser Investmentform aufgrund von Makro-Einflüssen (z.B. Angebot/Nachfrage, Zinsen) auf eine für Sie positive Wertentwicklung spekulieren. Da Fremdwährungen sehr volatil sein können und die Wertentwicklung nicht nur für Privatanleger, sondern auch für institutionelle Anleger nicht vorhersehbar ist, bringt dieser Handel für Sie nicht tragbare Risiken mit sich.

Unter einer Kryptowährung versteht man eine digitale Währung. Heute gibt es viele davon, die bekannteste ist Bitcoin. Kryptowährungen stellen eine Alternative zur konventionellen Währung dar, die durch Zentralbanken gesteuert wird. Durch den Kauf bzw. Verkauf einer Kryptowährung ist die Bewegung von Vermögen, bzw. sind Zahlungen ohne die Einbeziehung einer Bank möglich. Der Wert einer Kryptowährung ist u.a. von dem

---

[44] https://www.mintos.com/de/statistik/, abgerufen am 24.5.2019.

[45] https://www.ft.com/content/99c44646-e806-11e8-8a85-04b8afea6ea3, abgerufen am 24.5.2019.

Vertrauen der Besitzer in die Kryptowährung bzw. von Angebot und Nachfrage, sowie weiteren Faktoren abhängig.

Bei Kryptowährungen ist die Ausgabe der digitalen Münzen begrenzt und damit der Fluss des digitalen Geldes - anders als das Geld, das durch die Zentralbanken ausgegeben wird - limitiert.

Ein weiterer wichtiger Aspekt von Kryptowährungen äußert sich in der Überprüfung von Transaktionen: Sogenannte „Miner", d.h. Computer sind darauf ausgelegt, bestimmte Codes zu knacken. Wird ein Code geknackt, erhält der Besitzer dieses „Miners" einen bestimmten Betrag der digitalen Währung. Durch die ständige Prüfung durch „Miner" erfolgt eine automatisierte Kontrolle, dass sämtliche Zahlungstransaktionen ordentlich ablaufen, d.h. z.B. bei einer Banküberweisung beim Absender ausgehen und beim Zahlungsempfänger eingehen.

Der Wert von Bitcoins hat sich in den letzten 5 Jahren um ca. 1.892 % erhöht (!)[46]. Aufgrund der hohen Nachfrage nach digitalen Währungen gibt es neben den Bitcoins heute diverse weitere Kryptowährungen.

Oftmals wird man Ihnen bei neuen Kryptowährungen weiß machen wollen, dass Sie hiermit den garantiert nächsten Bitcoin kaufen werden, mit dem Sie ähnliche Gewinne erzielen werden wie jene, die früh beim Bitcoin eingestiegen sind.

Doch die Wertentwicklung von Kryptowährungen ist - insbesondere verglichen mit traditionellen Währungen großer Industriestaaten, u.a. dem Euro, dem Dollar, bzw. dem Japanischen Yen - sehr volatil und für den Einzelnen schwer nachvollziehbar bzw. prognostizierbar. Allein im letzten Jahr hat sich der Kurs des Bitcoin z.B. zwischen Juli und November 2018 fast halbiert, um bis Mai 2019 wieder um 100 % anzusteigen[47]. Im selben Zeitraum verhielt sich der Euro im Verhältnis zum Dollar sehr unspektakulär und verlor nie mehr als 5 % des Wertes[48].

---

[46] https://www.finanzen.net/devisen/bitcoin-euro-kurs/historisch, abgerufen am 21.5.2019.

[47] https://www.finanzen.net/devisen/bitcoin-euro-kurs, abgerufen am 23.5.2019.

[48] https://www.finanzen.at/devisen/dollarkurs, abgerufen am 23.5.2019.

Die gesamte Kryptowährungsindustrie befindet sich noch in den Kinderschuhen. Natürlich könnten Sie bei solchen Wertsteigerungen in kürzester Zeit sehr viel Geld verdienen. Doch genauso könnten Sie Ihr Erspartes schnell verlieren. Ich kenne viele, die mir noch vor Kurzem von tollen Kryptowährungsinvestitionen berichtet haben, und heute - nachdem sie zu Höchstkursen gekauft haben - kein Wort mehr darüber verlieren wollen.

Durch den Kauf von Kryptowährungen in großem Ausmaß spekulieren Sie auf die Wertentwicklung eines höchst komplexen, schwer zu verstehenden Finanzprodukts, das keinerlei Erträge abwirft und sich ausschließlich durch eine schwer einschätzbare Wertentwicklung definiert. Aus diesen Gründen rate ich Ihnen stark von einer Investition in Kryptowährungen ab.

3.9 Robo-Adviser, Aktien-Screener

Robo Adviser sind digitale Anlageberater, die aufgrund des von Ihnen eingepflegten Risikoprofils und programmierter Algorithmen, Ihr Geld professionell anlegen[49]. In der Regel sind Robo-Adviser Fonds deutlich kostengünstiger als durch Banken (menschlich) aktiv verwaltete Fonds[50].

Warum diese für Sie nun nicht geeignet sind? Ein Test hat 2019 ergeben, dass Sie im Zeitraum Mai 2018 bis Mai 2019 mit einem ETF MSCI World jeden der geprüften, deutschen Robo-Adviser geschlagen hätten[51]. Somit scheinen auch die Robo-Adviser nicht in der Lage zu sein, den Markt zu schlagen, wenngleich dazu gesagt werden muss, dass der untersuchte Zeitraum deutlich zu kurz ist, um verlässliche langfristige Vergleiche ziehen zu können.

Aktien-Screener erlauben es Ihnen, mittels festgelegter Parameter (z.B. Kurs-Gewinn-Verhältnis, Dividendenrendite, etc.) aus einer großen Anzahl an Aktien eine Vorauswahl zu treffen. Ich habe bereits dargelegt, wie Sie als Aktien-Einsteiger nach potentiellen Einzeltiteln suchen. Auch wenn die Suche mittels Aktien-Screener möglich wäre, steht die

---

[49] https://www.finanzen.net/ratgeber/wertpapiere/robo-advisor, abgerufen am 21.5.2019.

[50] https://www.finanzen.net/ratgeber/wertpapiere/robo-advisor, abgerufen am 21.5.2019.

[51] https://www.brokervergleich.de/robo-advisor/echtgeld-test/, abgerufen am 21.5.2019.

Verwendung eines weiteren Programms dem Ziel dieses Buches (Strategien, die schnell und leicht umsetzbar sind) entgegen.

Selbstverständlich steht Ihnen die Verwendung eines Aktien-Screeners zur Vorauswahl frei. Keinesfalls sollten Sie jedoch eine Entscheidung auf der ausschließlichen Grundlage eines rein zahlenbasierten Screeners, ohne dies mit eigenen Überlegungen und Gedanken zu hinterfragen, treffen.

3.10 Optionen, Futures, Zertifikate, CFDs

Viele Ratgeber für Aktien-Einsteiger beinhalten Beschreibungen von Optionen, Futures, Zertifikaten, CFDs, etc. Auch im Internet kursieren diverse Videos und Gruppen über vermeintliche Gewinner, die mit diesen Instrumenten angeblich Millionen verdient haben.

Doch hierzu knapp und kurz: Optionen, Futures, Zertifikate und CFDs sind hochriskante Anlageformen, die nicht nur in kürzester Zeit zum schmerzlichen Totalausfall Ihres Investments führen können, sondern Sie aufgrund des Hebels (der Sie sehr schnell reich, aber auch sehr schnell arm machen kann) teuer zu stehen kommen können. Als solche haben sie in einem Ratgeber für Einsteiger-Investoren nichts zu suchen. Alle, die Ihnen etwas anderes erzählen, verdienen höchstwahrscheinlich daran, Sie als Kunden für ein Unternehmen zu gewinnen, das um Börsenzocker wirbt.

Diese Anlageformen sind jedoch nicht nur hochriskant, sondern ebenso hochkomplex. Daher mein großer Appell an Sie, liebe Investment-Einsteiger: Für Sie sind Optionen, Futures, Zertifikate und CFDs vollkommen ungeeignet. Investieren Sie keinesfalls auch nur einen Cent in eine dieser Anlageformen! Wenn Sie aus diesem Buch auch nur diesen einen Ratschlag beachten, werden Sie sich dadurch viel Geld und Ärger ersparen.

Fazit

Immobilien sind für die meisten Einsteiger-Investoren ungeeignet, da nur die wenigsten über die notwendigen finanziellen Mittel verfügen, um eine Wohnung mit Eigenmitteln zu kaufen. Zusätzlich erfordert die Vermietung von Ihnen einen laufenden Zeitaufwand. Auch ist es aufgrund der hohen Immobilienpreise aktuell nicht einfach, eine unterbewertete Immobilie zu finden, die attraktive Renditen abwirft.

Edelmetalle eignen sich als Geschenk bzw. als Notreserve, jedoch nicht als Investition (keine Rendite, hohe Lagerkosten, Abhängigkeit vom Dollarkurs). Auch sonstige Sachwerte (z.B. Kunst, Oldtimer, Öl) eignen sich in der Regel für den Einsteiger Investor nicht (keine laufenden Erträge, Lagerhaltungskosten, Spekulation).

Bausparverträge, Sparbücher, Online-Tagesgeld, bzw. Online-Festgeldkonten eignen sich mangels attraktiver Zinsen nicht als Investitionsmöglichkeit. Dennoch sollten Sie als eiserne Reserve zumindest 3 Monate, idealerweise 1 Jahr einplanen, um in der Lage zu sein, mit diesen Ersparnissen zumindest Ihre Lebenserhaltungskosten decken zu können, um im Falle einer Finanzkrise/eines Jobverlustes/einer Krankheit, etc. nicht auf in Aktien investiertes Geld zurückgreifen zu müssen, und um somit finanziell abgesichert zu sein.

Anleihen liefern aktuell niedrige Ertragschancen, sind dafür jedoch relativ vielfältig/komplex, weshalb ich von dieser Anlageform ebenso abrate.

Aktiv gemanagte Fonds schlagen lt. einer zuvor angeführten Studie über einen 15-Jahreszeitraum in 92 % der Fälle nicht den Index, bei gleichzeitig höheren Kosten. 90 % aller Start-ups scheitern. Beim Crowdfunding erwerben Sie keinen tatsächlichen Unternehmensanteil, sondern lediglich einen symbolischen. Bei Crowdinvesting erwerben Sie zwar tatsächlich einen Anteil/Anspruch auf Rendite, doch in der Regel sind diese Investitionsvorhaben für Einsteiger schwer zu prüfen und risikoreich. P2P Lending ist aufgrund der zuvor angeführten Ausfallsquote von 20 % bei einem angeführten Anbieter zu risikoreich für Einsteiger-Investoren.

4. Tipps & Tricks für maximale Ergebnisse

Nachfolgend finden Sie weitere Tipps und Tricks, die Ihnen, liebe Einsteiger-Investoren, beim Investieren helfen sollen. Neben der Aktienauswahl selbst und dem Ausschluss ungeeigneter Investmentmöglichkeiten gibt es noch viele weitere Punkte zu beachten, um erfolgreich an der Börse zu investieren.

Der Zeithorizont beim Investieren kann für den Investitionserfolg noch entscheidender sein, als die Auswahl der Aktien selbst. Zusätzlich erhalten Sie meine Ratschläge bzgl. Portfolio Management, der Wahl der Bank, der Verwendung von Dividenden, Informationen zu den steuerlichen Aspekten von Aktien und vieles mehr.

4.1 Zeithorizont

Ihr Zeithorizont bei der Anlage mittels einer der vier zuvor genannten Strategien sollte ein möglichst langer sein. Idealerweise denken Sie daran, ausschließlich Investments zu tätigen, die Sie nie wieder verkaufen werden. Erstens sollte dadurch die Qualität der getätigten Investments steigen. Zweitens erzielen Sie damit langfristig bessere Erträge.

In einer Abbildung des S&P 500 haben Sie bereits gesehen, dass die Börse grundsätzlich langfristig nur einen Weg kennt: nach oben. Doch kurzfristig können sich ganze Märkte im Zuge von Finanzkrisen, politischen Krisen und sonstigen Unsicherheiten mehr als halbieren. Somit kann man im schlimmsten Fall zu einer hohen Bewertung kurz vor einer Finanzkrise einsteigen und anschließend herbe Verluste erleiden. Doch den Verlust erleiden Sie erst bei der Realisierung der Position, das heißt beim Verkauf. Mit einem langfristigen Anlagehorizont können Sie durch solche Krisen durchtauchen und langfristig positive Ergebnisse erzielen.

Natürlich ist es verlockend, binnen eines Monats mit ein paar Tausend € Startkapital eine Million mit Aktien zu verdienen. Um dies jedoch erreichen zu können, werden Sie in der Regel so viel Risiko eingehen müssen, dass Ihr gesamtes Startkapital binnen kürzester Zeit höchstwahrscheinlich verloren sein wird. Stattdessen sollten Sie realistisch bleiben, und langfristig, zumindest fünf, besser jedoch zehn bzw. idealerweise zwanzig Jahre Anlagehorizont planen. Hier gilt jedenfalls: Je länger, desto besser.

4.2 Portfolio Management

4.2.1 Wie viel % des gesamten Vermögens investieren

Oft hört oder liest man die Frage, wie viel % des eigenen Vermögens man risikoreich anlegen sollte und in welche Vermögensklassen man wie viel Kapital stecken sollte. Zunächst ist diese Frage abhängig davon, wie Ihre persönliche Vermögenssituation aussieht, welche Ziele Sie mit Ihren Investitionen verfolgen und in welchem Abschnitt Ihres Lebens Sie sich aktuell befinden.

4.2.1.1 Persönliche Vermögenssituation

Beginnen sollten Sie mit einer Aufstellung Ihrer persönlichen Vermögenssituation. Führen Sie in einer Excel Tabelle oder auf Papier Ihre liquiden (!) frei verfügbaren Vermögenswerte an (z.B. Bargeld, Ersparnisse, sonstige liquide Mittel). Immobilien, PKWs bzw. sonstige wenig liquide Vermögenswerte führen Sie nicht an, da diese deutlich weniger schnell liquidierbar sind, gebraucht werden und Sie entsprechend nicht im Fall einer Finanzkrise bzw. eines Jobverlustes absichern können. Auch das Depot sollte hier nicht angeführt werden, da das Ziel dieser Aufstellung ist, das Depot vor Notverkäufen aufgrund persönlicher Schicksalsschläge/externer Krisen zu bewahren.

Den frei verfügbaren Vermögenswerten stellen Sie Ihre Verbindlichkeiten (d.h. ein eventueller Bankkredit, offene Rechnungen, etc.) gegenüber. Wenn Sie die Verbindlichkeiten von Ihren liquiden Aktiva abziehen, erhalten Sie Ihren finanziellen Spielraum, über den Sie verfügen können.

Vorweg: Wenn Ihre Verbindlichkeiten Ihre liquiden Aktiva übersteigen, rate ich Ihnen von jeglichen Investments ab. In diesem Fall sollten Sie sich darauf konzentrieren, Ihre Aktiva aufzuwenden, um z.B. einen Kredit zurückzahlen. Es mag verlockend erscheinen, durch Investmenterfolge einen Kredit schneller zurückzahlen zu können. Tatsächlich liefern Sie sich dadurch jedoch einem Kurssturz aus und riskieren, im Falle einer Finanzkrise in Liquiditätsschwierigkeiten zu gelangen, da Sie nicht die Flexibilität besitzen, diese auszusitzen.

Ergibt die Subtraktion der Verbindlichkeiten von den liquiden Aktiva dagegen eine positive Summe, ziehen Sie von dieser Ihre (3-monatlichen, halbjährlichen bzw. jährlichen) Erhaltungskosten ab. Ihre Erhaltungskosten erhalten Sie, in dem Sie versuchen sämtliche Ausgaben zunächst monatlich, und daraus abgeleitet 3-monatlich, halbjährlich bzw. jährlich aufzulisten.

Zu den fixen monatlichen Ausgaben zählen z.B. Ausgaben für Miete, Strom, Heizung, Verkehr, Handy etc. Dazu kommen regelmäßige Ausgaben für Nahrungsmittel, Körperpflege. Abschließend fügen Sie unregelmäßige Ausgaben, wie z.B. Kosten für Restaurantbesuche, Kleidung, Geschenke und sonstige Kosten hinzu. Wenn Sie nun die 3-monatlichen, halbjährlichen, bzw. jährlichen Kosten von Ihrem Vermögen abziehen, erhalten Sie die Summe, die Sie persönlich in Aktien investieren können. Je nachdem, ob Sie dafür 3 Monate, 6 Monate oder 12 Monate heranziehen, sind Sie für eine Krise bzw. Einkommensausfälle aufgrund von Jobverlust schlechter oder besser aufgestellt. Ideal wäre ein Polster iHv 12 Monaten, den Sie niemals heranziehen müssen.

Hierzu ein kurzes Beispiel:

Aufstellung der liquiden Aktiva	
Bar	2.000
Sparbuch	20.000
Girokonto	3.000
Tagesgeld, Festgeld	20.000
Summe	45.000

Aufstellung der Verbindlichkeiten	
Bankredit	0
Summe	0

Aufstellung der Verbindlichkeiten	
Summe der liquiden Aktiva	45.000
-Summe der Verbindlichkeiten	0
Finanzieller Spielraum	45.000

Damit haben Sie Ihren finanziellen Spielraum iHv 45.000 € errechnet. Um zu ermitteln, wie viel Sie davon als eiserne Reserve aufbewahren sollten und wie viel Sie guten Gewissens investieren können, müssen Sie nun Ihre monatlichen Ausgaben auflisten.

Hierzu ein Beispiel eines Ein-Personen Haushalts:

Auflistung der monatlichen Ausgaben	
Miete (inkl. Betriebskosten)	500
Strom (inkl. Wasser)	30
Heizung	45
Haushaltsversicherung	30
KFZ-Kosten (Benzin, Versicherung, Steuer, Wertverlust, etc.)	300
Nahrungsmittel	350
Körperpflege (Kosmetikartikel, Friseur, etc.)	40
Arztkosten	5
Reinigungsmittel	10
Kommunikation: TV, Internet, Handy	40
Abonnements (z.B. Amazon Prime, Netflix)	10
Restaurant-/Barbesuche	100
Ausgaben für Reisen	100
Kleidung/Schuhe/Möbel/Garten	60
Sonstige Konsumgüter	10
Geschenke	20
Monatliche Ausgaben	1.650

Damit haben Sie Ihre monatlichen Kosten (beispielhaft) auf € 1.650 € festgelegt. Nun folgt noch ein letzter Schritt, in dem Sie ermitteln (auf Basis eines Sicherheitspolsters iHv 3 Monaten/6 Monaten/12 Monaten), wie viel Kapital Sie maximal investieren sollten.

Sicherheitsspielraum		Freies Kapital für Investitionen
3 Monate	4.950	40.050
6 Monate	9.900	35.100

	Sicherheitsspielraum	Freies Kapital für Investitionen
12 Monate	19.800	25.200

Das Beispiel zeigt, dass bei einem finanziellen Spielraum iHv 45.000 € und einem
Sicherheitspolster iHv 12 Monatsausgaben (19.800€), 25.200 € für Investitionen zur
Verfügung stehen (45.000-19.800).

4.2.1.2 Ziele der Investition

Die Frage nach den Zielen der Investition stellt sich wie folgt: Wollen Sie mit der Investition
ausschließlich den Werterhalt Ihres Geldes sicherstellen und möglichst viel Sicherheit,
wollen Sie gegen eine Krise abgesichert sein, wollen Sie hohe laufende Erträge
erwirtschaften oder wollen Sie sich vielleicht selbst am Markt versuchen und sind bereit,
bestimmte Risiken einzugehen?

Sofern Sie zu den konservativen Anlegern zählen und ausschließlich den Werterhalt Ihres
Geldes sicherstellen möchten, sollten Sie nur maximal 50 % Ihres freien Kapitals, das für
Investitionen zur Verfügung steht, investieren. Denn damit behalten Sie einen Teil Ihres
Geldes auf Sparbüchern und investieren nur einen Teil des Geldes in eine
Wertpapierveranlagung.

Wenn Sie dagegen an laufenden Erträgen stark interessiert sind, sollten Sie noch etwas
mehr zu investieren bereit sein, da die laufenden Erträge (= Dividenden) mit der Höhe der
investierten Summe absolut steigen und in Relation zu den vorherrschenden Zinsen auf
Sparbüchern sehr attraktiv sind.

Wenn Sie bereit sind viel Risiko einzugehen und überlegen sich selbst am Markt zu
versuchen, können Sie bis zu 100 % des freien Kapitals in die Wertpapierveranlagung
investieren.

Stellen Sie sich daher die Frage, welche konkreten Ziele Sie mit Ihren Investitionen
verfolgen möchten, um daraus abzuleiten wie viel % Ihres freien Kapitals Sie investieren
sollten.

4.2.1.3 Persönlicher Lebensabschnitt

Die Frage nach dem persönlichen Lebensabschnitt kann noch bedeutender sein, als die soeben besprochenen Ziele der Veranlagung. Dabei spielen Ihr Alter, Ihr Familienstand, Ihre Wohnsituation und geplante Investitionen generell eine bedeutende Rolle.

Sind Sie zum Beispiel noch sehr jung, alleinstehend und planen weder eine Wohnung noch ein Auto oder ähnliches demnächst zu kaufen, können Sie einen großen Anteil ihres freien Kapitals investieren.

Wenn Sie dagegen Mitte 30 und verheiratet sind, ein Haus bauen und mehrere Kinder bekommen möchten, rate ich Ihnen von jeglichen größeren Investitionen ab: Um erfolgreich an der Börse investieren zu können, müssen Sie in der Lage sein, langfristig zu investieren und z.B. eine Finanzkrise auszusitzen. Es wäre zu riskant, einen großen Teil Ihres Ersparten zu investieren, da Sie bei einem Hausbau bzw. einer Familiengründung wohl auf sämtliche zur Verfügung stehenden Mittel zurückgreifen müssen und somit auch bei stark gefallenen Kursen angehalten wären, Ihre Positionen aufzulösen.

Wenn Sie dagegen Mitte 50 sind, die Familiengründung abgeschlossen ist, alle Kinder selbsterhaltungsfähig sind und Ihr Haus abbezahlt ist, können Sie einen großen Teil Ihres freien Kapitals investieren.

Andererseits sollten Sie ab einem Alter von 60-70 Jahren Ihre Positionen wiederum zurückfahren, da das Einkommen aufgrund der bevorstehenden Pensionierung zurückgeht, Sie vielleicht von Ihren Ersparnissen leben möchten und nicht mehr die Zeit bleibt, Börsentiefs auszusitzen.

Daher überlegen Sie kurz, in welcher Lebensphase Sie sich aktuell befinden. Steht eine Familiengründung, der Hausbau oder sonstige große Investitionen (z.B. eine Unternehmensgründung o.ä.) bevor? Wie lange können und möchten Sie es sich leisten, die Wertpapiere nicht zu verkaufen? All diese Fragen helfen Ihnen dabei herauszufinden, wie viel Sie in Ihrem individuellen Fall von Ihrem freien Kapital investieren sollten.

4.2.2 Wie viel Kapital in welche Anlagekategorie investieren

Gerne werden bestimmte Prozentsätze empfohlen, wenn es darum geht, wieviel % man in welche Asset Kategorie (=Vermögensklasse) investieren sollte. Durch solch ein Vorgehen investiert man jedoch in Vermögenskategorien, die aktuell nicht attraktiv (weil z.B. zu teuer, zu wenig ertragreich) sind. Die Frage, die man sich immer stellen sollte, ist die Folgende: Welche Anlage bietet die beste Rendite bei kalkulierbarem Risiko?

Wie oben bereits angeführt, hängt Ihre eiserne Reserve vor allem von Ihren monatlichen Kosten ab. Diese eiserne Reserve sollten Sie in einem Sparbuch, Online Tagesgeld o.ä. veranlagen.

Gold sollten Sie sich statt Textilien oder ähnlichen Konsumgütern, die garantiert an Wert verlieren, schenken lassen, bzw. als reine Notreserve betrachten. Es sollte Ihnen im Falle einer Währungsentwertung dazu dienen, Ihre täglichen Einkäufe zu tätigen.

Wenn Sie sich ein Eigenheim anschaffen möchten, tun Sie dies. Doch wenn es um die Suche nach der bestmöglichen Anlageform geht, empfehle ich Ihnen, liebe Einsteiger-Investoren, die Investition mittels einer der vier oben genannten Strategien: ETF, Berkshire A/B, Buffett Imitation oder Selbstauswahl. Durch die Investition in Vermögensklassen mit den höchsten langfristigen Renditen sollten Sie die besten Ergebnisse erzielen.

4.2.3 Diversifikation

Diversifikation bezeichnet - vereinfacht gesagt - eine Verringerung des Risikos, indem man das gesamte Kapital nicht allein auf eine Karte setzt, sondern auf mehrere Unternehmen bzw. mehrere Anlageformen aufteilt. So verliert man nicht alles, wenn sich eine Vermögenskategorie oder ein Unternehmen wider Erwarten negativ entwickelt.

Grundsätzlich ist Diversifikation in einer bestimmten Form tatsächlich hilfreich: Sie sollten stets neben einem Depot, in dem Sie mittels einer oder mehrerer der vier oben genannten Strategien investieren, über ausreichend Bargeld bzw. Sparguthaben verfügen. Zusätzlich ist wie oben besprochen eine Notreserve an Gold hilfreich. Selbstverständlich würde eine Investition in Immobilien (unter attraktiven Konditionen!) Ihr Portfolio noch ausgeglichener machen.

Doch ist es heute schwierig, eine günstige Immobilie ausfindig zu machen, die zu attraktiveren Renditen als zu jenen, die Sie an der Börse erzielen können, vermietet werden kann. Zusätzlich wird es nur für die wenigsten möglich sein, in eine Immobilie ohne Fremdkapital zu investieren. Daraus folgt: Diversifikation macht jedenfalls Sinn. Dennoch sollte immer die erste Priorität sein, neben einer eisernen Reserve das Kapital in die attraktivste Anlageform zu investieren.

4.2.4 Wie viel beim 1. Versuch investieren, wie viel danach

Oft werde ich gefragt, wie viel Kapital es erfordert, um überhaupt an der Börse sinnvoll investieren zu können. Dies hängt von zwei Punkten ab:

1. Von Ihrer Entscheidung für eine der vier Strategien
2. Von Ihren Gebühren je Transaktion

Je nachdem für welche der vier Strategien Sie sich entscheiden, ist eine Mindestsumme bei der Erstinvestition empfehlenswert: Beim Kauf eines ETF bzw. der Berkshire Aktie erwerben Sie bereits ein stark diversifiziertes Portfolio. Daher ist hier in der Regel die Investition ab 1.000 € zu Beginn ausreichend. Erwerben Sie dagegen Investitionen von Warren Buffett („Buffett imitieren") bzw. erwerben Sie Einzeltitel nach einer Selbstselektion, sollten Sie zumindest (!) vier Einzeltitel erwerben (entspricht zumindest 4.000 €), um einen Mindestgrad an Diversifizierung zu erreichen.

Je nach Depotbank variieren die Gebühren je Transaktion stark. Mehr als 1 % dürfen die Transaktionskoten je Transaktion jedoch jedenfalls nicht betragen, da sonst die Transaktionskosten Ihre Rendite zunichte machen.

Insgesamt empfiehlt es sich, beim ersten Versuch nicht sofort einen allzu großen Teil Ihres Vermögens zu investieren. Das Depot sollte langfristig aufgebaut werden. Durch den kontinuierlichen Kauf, eventuell zu fix definierten Zeitpunkten (z.B. bei einem ETF monatlich, 3-monatlich, halbjährlich), bauen Sie Ihr Depot langfristig auf und können eventuelle außerordentliche Kursschwankungen leichter ausgleichen. Sollten Sie zum Beispiel vor einer bevorstehenden Finanzkrise zu Höchstkursen Ihr gesamtes Vermögen auf einmal investieren, wird Ihr investiertes Geld (zumindest temporär) dahinschmelzen.

Wenn Sie dagegen kontinuierlich investieren, laufen Sie weniger Gefahr, mitten in einem überhitzten Markt hohe Investitionen zu tätigen.

Durch den kontinuierlichen Zukauf überwinden Sie zusätzlich Ihre eigene Psyche: Wie zuvor angeführt, werden Sie in der Regel bei steigenden Kursen versucht sein, mehr zu kaufen, und bei fallenden Kurse verkaufen wollen.

Ratsam wäre es jedoch, bei fallenden Kursen mehr zu kaufen (wenn heute 250 g Butter 2 € kosten und morgen 1€, würden Sie bei gleich gebliebener Qualität ebenso mehr kaufen, nicht weniger). Durch den kontinuierlichen Kauf wirken Sie dieser psychologischen Tendenz entgegen: Egal ob der Markt steigt oder fällt, Sie kaufen: Bei fallenden Kursen nützen Sie die „günstige" Bewertung, bei steigenden Kursen investieren Sie ebenso.

Zuletzt wird Ihnen diese Strategie die Unsicherheit in Bezug auf Aktien oder Veränderungen des Depots generell nehmen, da Sie nicht mehr geneigt sein werden, panisch die Aktienkurse zu verfolgen, um eventuell den Markt erfolgreich zu timen und wie ein Börsenprofi schnell zu kaufen bzw. zu verkaufen.

4.2.5 Wie oft kaufen/verkaufen

Wie oben bereits angekündigt, sollten Sie kontinuierlich kaufen, d.h. monatlich, 2-monatlich, quartalsweise bzw. halbjährlich - je nach finanziellen Mitteln. Im Falle der Selbstselektion sollten Sie die Häufigkeit der Käufe zusätzlich davon abhängig machen, ob attraktive Investitionsmöglichkeiten zur Verfügung stehen.

Ich habe in meiner bisherigen gesamten Anlageerfahrung keine einzige Aktie verkauft und bin bisher damit immer gut gefahren. Ein Grund dafür, niemals zu verkaufen, ist die daraus resultierende Ruhe im Umgang mit Kursschwankungen und die erhöhte Vorbereitung vor einem Unternehmenskauf: Ähnlich wie beim Kauf eines Konsumprodukts, bei dem Sie sich den Kauf weniger überlegen werden, wenn Sie wissen, dass Sie den Artikel jederzeit zurückgeben können, werden Sie sich den Aktienkauf gründlicher und mehrfach überlegen, wenn Sie wissen, dass der spätere Verkauf bis auf Ausnahmefälle ausgeschlossen ist.

Bei der Investition in einen ETF sollten Sie grundsätzlich niemals verkaufen, sondern in die langfristig positive Wertentwicklung der Unternehmen vertrauen.

Verkaufen sollten Sie Aktien (Einzeltitel) nur in einem Fall: Ein Unternehmen, in das Sie investiert haben, hat nachhaltig und langfristig an Qualität eingebüßt bzw. an Wert verloren. Für den aktuellen Preis ist es damit deutlich überbewertet. Sie würden das Unternehmen daher zum aktuellen Preis nicht mehr kaufen.

Es ist wichtig, dass Sie wie oben angesprochen nur in Ausnahmefällen von dieser Regelung Gebrauch machen. Kurzfristige Wertänderungen, Umsatzeinbußen etc. die die langfristige Unternehmensbewertung bzw. Unternehmensqualität nicht negativ beeinflussen, sind davon strikt abzugrenzen!

4.2.6 Sparplan

Die Möglichkeit, über einen Sparplan in einen ETF zu investieren, wurde bereits angesprochen. Der Sparplan bietet Ihnen grundsätzlich die Möglichkeit, automatisiert und kontinuierlich in einen (Index) ETF zu investieren. Dies stellt sicher, dass Sie langfristig investieren, ohne sich durch Kursschwankungen und eigene persönliche Unsicherheiten vom eigenen Weg abbringen zu lassen. Besonderes Augenmerk ist dabei jedoch auf die wiederkehrenden Gebühren zu legen. Diese werden Ihre möglichen Renditen beim Verkauf - so sie überproportional sind - deutlich schmälern.

4.2.7 Wie oft das Portfolio hinterfragen

Verschiedene Auffassungen existieren zu der Frage, wie oft man sein Portfolio hinterfragen sollte. Damit gemeint ist die erneute Prüfung bereits getätigter Akquisitionen (z.B. Einzelaktien). Ich empfehle Ihnen, Ihr Portfolio nicht regelmäßig zu prüfen, sondern sich auf bedeutende Anlassfälle zu beschränken: Bei Ihren Investitionen haben Sie sich Gedanken gemacht und diese gründlich abgewogen und überdacht. Entsprechend sollten Sie sich bei minimalen Veränderungen nicht verunsichern lassen und Ihr Portfolio nicht hinterfragen.

Wenn jedoch beispielsweise bei einem Unternehmen, dessen Aktien Sie gekauft haben, ein Bilanzierungsskandal bekannt wird oder sich grundlegende wirtschaftliche

Rahmenbedingungen ändern, sollten Sie Ihre Investition tatsächlich auf den Prüfstand stellen.

In anderen Fällen sollten Sie davon absehen. Als Einsteiger-Investor haben Sie nicht die Zeit, ständig Ihre Akquisitionen zu hinterfragen. Des Weiteren werden Sie mit einem stabilen Depot, das durch niedrige Transaktionskosten gekennzeichnet ist, bessere Ergebnisse erzielen als mit einem Depot, in dem Sie häufig umschichten.

4.2.8 Wie oft das Portfolio umschichten

Sein Depot laufend zu hinterfragen ist nicht nur möglich, um die Qualität der Investments zu hinterfragen. Oftmals wird auch die These vertreten, dass man sein Portfolio laufend an Wertveränderungen anpassen sollte: Wenn man zum Beispiel ein diversifiziertes Portfolio aufbaut, würde man nach dieser Argumentation im Falle einer Wertsteigerung eines Papiers das Investment darin eher reduzieren. Dagegen würde man bei fallender Bedeutung des Investments mehr investieren. Investiert man beispielsweise in verschiedene Industrien, könnte eine Industrie durch eine enorme Wertsteigerung an überproportionaler Bedeutung gewinnen.

Von diesem laufenden Umschichten halte ich persönlich gar nichts: Sie sollten grundsätzlich in die attraktivsten Investmentmöglichkeiten investieren, unabhängig davon ob sie zuvor gestiegen oder gefallen sind. Sich von einer gut laufenden Position zu distanzieren, weil sie durch die außerordentliche Performance überproportional an Wert gewinnt, halte ich für unsachlich. Entsprechend rate ich Ihnen davon ab.

4.2.9 Wie auf Marktfluktuationen reagieren

Wie zuvor bereits angedeutet, ist die Bedeutung der eigenen Psyche für den Investmenterfolg elementar. Herdentrieb führt gerade bei Neulingen an der Börse zu katastrophalen Anlageergebnissen.

Nicht selten kommt es vor, dass eher konservative Menschen bzw. Personen, die an der Börse kein Interesse finden, grundsätzlich ausschließlich in Sparbücher bzw. konservative Anlageformen investieren. Die Börsenkurse steigen. Schließlich beginnen Bekannte und Verwandte an der Börse zu investieren. Die Kurse steigen und alle berichten von ausschließlich steigenden Kursen. Doch sie bleiben standhaft bei ihren konservativen Anlageprodukten. Schließlich berichtet sogar der Friseur, dass er mit Aktien eine Menge Geld verdient hat. Eines Tages können sie nicht mehr widerstehen und beginnen an der Börse zu investieren.

Doch nicht umsonst sagt man, dass man eine Börsenblase daran erkennt, dass man Börsentipps von seinem Schuster bzw. dem Friseur erhält. Während die Kurse steigen, sind die Börsenneulinge begeistert und kaufen mehr und mehr ein, da sich diese Investments sichtlich auszahlen.

Schließlich kommt es wie es kommen muss: Ein Börsencrash, bei der die Papiere der Börsenneulinge um über 50 % an Wert verlieren. Die Börsenneulinge geraten in Panik. Die Kurse fallen und fallen. Wenn sie jetzt aussteigen, verkaufen sie zu einem garantierten Verlust. Doch was, wenn die Aktien noch weiter fallen? Um wieder ruhig schlafen zu können, verkaufen die Neulinge daher zum allerschlechtesten Zeitpunkt. Daraufhin entschließen sie sich, die Börse von nun an zu meiden.

Diesen Herdentrieb gilt es strikt zu vermeiden. Doch dies ist leichter gesagt als getan. Jeder Investor wird bei fallenden Kursen eher unsicher und bei steigenden Kursen euphorisch. Um diesen Gefahren entgegenzuwirken, hilft nur eines: Bereiten Sie sich auf den Fall, dass die Kurse steigen bzw. fallen vor, und machen Sie sich klar, wie Sie am besten auf diese Kursschwankungen reagieren.

Behandeln Sie Kursschwankungen an der Börse nicht anders als solche im Supermarkt: Versuchen Sie sich über günstige Preise bei gleichbleibender Qualität zu freuen. Kaufen Sie mehr bei günstigen Preisen und weniger zu teuren. Damit werden Sie langfristig die besten Ergebnisse erzielen.

4.2.10 Wie auf steigende Kurse reagieren

Wie soeben angekündigt, sollten Sie bei steigenden Kursen nicht zu euphorisch werden. Falls Sie planen, Aktien deren Kurse gestiegen sind, nachzukaufen, prüfen Sie zuerst den Preis bzw. die Preisveränderung und ob die Qualität des Unternehmens diesen erhöhten Aktienkurs rechtfertigt. Die Tatsache, dass ein Aktienkurs gestiegen ist, hat nichts mit der Qualität des Unternehmens zu tun. Es handelt sich lediglich um den Preis einer

Unternehmensbeteiligung, nicht mehr, nicht weniger. Entsprechend versuchen Sie einen kühlen Kopf zu bewahren, und sich von gestiegenen Kursen allein nicht blenden zu lassen.

4.2.11 Wie auf fallende Kurse reagieren

Dagegen sollten Sie sich bei fallenden Kursen nicht zu sehr verunsichern lassen. Versuchen Sie sich - bei gleichbleibender Unternehmensqualität - über die günstigen Preise zu freuen. Dadurch erhalten Sie tatsächlich für denselben Kapitaleinsatz einen höheren Unternehmensanteil.

So logisch dies hier klingen mag, so schwierig ist es, diesen Ratschlag in die Praxis umzusetzen. Doch in jenen Fällen, in denen Sie vor gefallenen Börsenkursen sitzen, sollten Sie sich in Erinnerung rufen, wie Sie vorgehen würden, wenn Sie im Supermarkt das Brot, das Sie täglich kaufen, heute zu einem (deutlichen) Abschlag erwerben könnten. Mit dieser Strategie lassen Sie sich nicht von Ihrer eigenen Psyche überrumpeln und können von den negativen Kursschwankungen profitieren.

4.2.12 Wie auf eine Finanzkrise vorbereiten

Neben temporären Kursschwankungen gibt es für jeden Investor eine ultimative Nervenprobe: Eine Finanzkrise bzw. den Börsencrash. Stellen Sie sich vor, Ihr Depotwert steigt Jahr für Jahr. Eines Tages ist Ihr Depot binnen einer Woche weniger als die Hälfte der ursprünglich investierten Summe wert. Wenn Sie sich bei dieser Vorstellung nicht vollkommen unwohl fühlen, sind Sie wohl nicht ehrlich zu sich selbst. Doch die Geschichte lehrt uns, dass Börsencrashs immer wieder kommen. Wenngleich man nie weiß, wann genau es passieren wird; der nächste Crash kommt bestimmt.

1637 kam es zur berühmten Tulpenblase, bei der die Nachfrage nach Tulpen bzw. deren Preise ins Unermessliche stiegen und schließlich abstürzten[52]. Um die Jahrtausendwende stiegen die Preise für kleine, oftmals verlustträchtige Internetunternehmen stark an, um in der sogenannten „Dotcom Blase" wertlos zu werden. 2007 folgte schließlich die Immobilienblase, die die letzte Finanzkrise bisher verursacht hat. Seitdem haben sich die

---

[52] https://www.spiegel.de/einestages/die-geschichte-der-finanzkrisen-a-947912.html, abgerufen am 30.5.2019.

Aktienkurse wieder erholt, die letzte Krise ist somit bereits über 10 Jahre her. Hier soll keinesfalls ein Untergangsszenario gezeichnet werden. Denn: Langfristig können Sie durch solche Krisen durchtauchen und trotz Finanzkrise überaus positive Ergebnisse erzielen. Idealerweise sehen Sie eine Finanzkrise als den größten Ausverkauf überhaupt. Alle paar Jahre bietet sich die Möglichkeit, Qualitätsunternehmen zu Schnäppchenpreisen zu erwerben.

Ob Sie in der Lage sind, derart positiv zu denken und eine Finanzkrise als Chance zu sehen, wird sich erst im tatsächlichen Ernstfall herausstellen. Dennoch ist es wichtig, sich damit abzufinden, dass eine Finanzkrise früher oder später kommen wird. Überlegen Sie sich, wie viel Geld Sie unter dieser Prämisse tatsächlich anlegen wollen. Fragen Sie sich dazu, wie viel Ihres Ersparten Sie zu verlieren bereit sind.

Auch wenn Sie bei der Selektion von Qualitätsunternehmen langfristigen Erfolg erzielen sollten kann Ihnen niemand den Anlageerfolg garantieren. Unternehmen, die in der Vergangenheit erfolgreich waren, müssen es morgen nicht mehr sein. Auch bedeuten historische Börsenerfolge nicht, dass dies immer so weiter gehen muss.

4.2.13 Wie auf eine Finanzkrise reagieren

Die Trockenübung sind wir nun bereits durchgegangen. Doch was tun im Ernstfall? Ein Börsencrash ist eingetreten: Bewahren Sie Ruhe und geraten Sie nicht in Panik. Stellen Sie sich nur eine Frage: Hat sich an der Unternehmensqualität meiner Investments nachhaltig etwas so derartig negativ verändert, dass ich die Aktien verkaufen sollte? Wenn sich hauptsächlich der Preis verändert hat oder sich nur gesamtwirtschaftliche Rahmenbedingungen geändert haben, verkaufen Sie keinesfalls!

Sofern Sie in einen ETF investiert haben, ist von einem Verkauf ebenso tunlichst abzuraten. Während eines Börsencrashs kommt es oft zu Panikverkäufen. Dadurch versuchen Verkäufer, panisch ihre Wertpapiere auf den Markt zu werfen. Dies verstärkt den Wertverfall noch weiter, der wiederum weitere Panikverkäufe anstößt und zu weiteren Kursverlusten führt - und so weiter und so fort.

Hat sich der Markt erst einmal beruhigt - dies wird in der Regel ein Monat bzw. mehrere Monate dauern - können Sie die günstigen Preise nützen, um qualitativ hochwertige Unternehmen preiswert zu erwerben.

4.3 Die Wahl der (Depot-)Bank

Die Wahl der (Depot-)Bank ist von sehr hoher Bedeutung. Daher sollten Sie sich bei dieser Entscheidung ausreichend Zeit nehmen. Warum dies so ist? Zunächst bieten Banken verschiedenste Konditionen bei ihren Wertpapierdepots an: Manche Banken verlangen jährliche Gebühren für die Verwahrung von Wertpapieren. Andere verrechnen nur Gebühren je Transaktion, wobei auch diese stark variieren können. Schließlich gibt es Banken, die Gebühren für ausgeführte Dividendenausschüttungen einbehalten. Und zusätzlich kommen steuerliche Aspekte ins Spiel, die nicht zu vernachlässigen sind. All diese finanziellen Unterschiede können sich stark auf Ihre Renditen auswirken: Durch die Inkaufnahme hoher Gebühren bzw. Steuern können Ihre Gewinne bzw. Dividenden stark geschmälert werden.

Aus diesem Grund möchte ich nun Empfehlungen abgeben, wie das ideale Depot bzw. dessen Kostenstruktur aussehen würde:

1. Vertrauenswürdiges Kreditinstitut
2. Keine jährlichen Gebühren
3. Möglichst niedrige Gebühren je Transaktion
4. Keine Gebühren auf Dividendenausschüttungen
5. Verwendung eines österreichischen Depots, um Doppelbesteuerung bzw. Mehraufwand bei Steuererklärung zu vermeiden

4.3.1 Vertrauenswürdiges Kreditinstitut

Ein Kreditinstitut mit geringen jährlichen Gebühren bzw. Kosten wird in der Regel nicht Ihre Hausbank sein. Ihre Hausbank verrechnet in der Regel hohe jährliche Depotgebühren bzw. Gebühren je Transaktion. Wenn Sie mit sehr hohen Beträgen veranlagen (Depotwert insgesamt über mehrere hunderttausend Euro), kann sich dies lohnen. Gerade bei geringen Depotwerten bzw. vielen verschiedenen Einzeltiteln lohnt es sich jedoch nur, über ein günstiges Online Depot zu veranlagen.

Hier sollten Sie - wie nachfolgend erklärt - zwar auf die Gebühren achten, dennoch sollten Sie sich über die Depotbank, bei der Sie veranlagen, erkundigen und insbesondere Testberichte lesen. Hier geht es um einen reinen Seriositätscheck, denn bei aller Kostensicht dürfen Sie auf die Qualität des Instituts nicht vergessen. Der allererste Kunde eines günstigen Anbieters sollten Sie somit besser nicht sein.

Hier sei kurz dazu gesagt, dass in der Regel Ihre Aktien von der Pleite einer Bank (unter Beachtung der AGBs bzw. sonstiger Vertragsbestimmungen im Einzelfall!) unberührt bleiben, denn: Die Bank verwahrt Ihre Wertpapiere nur, sie ist weder Schuldnerin noch Eigentümerin der Aktien. Entsprechend sind bei einer Insolvenz einer Bank die Aktien von der Masse ausgenommen.

Dennoch gibt es einen Fall, bei dem Sie einen großen Teil Ihres investierten Geldes verlieren könnten: Im Falle einer Veruntreuung Ihres Geldes bzw. Ihrer Positionen. Wenn zum Beispiel Ihre Bank bzw. ein Mitarbeiter der Bank Ihre Wertpapiere stiehlt oder unrechtmäßig verliehen hat und im Fall der Insolvenz entsprechend nicht in der Lage ist, Ihnen diese herauszugeben, werden Sie an diesen Papieren kein Eigentum mehr erlangen können: Stattdessen sind Sie auf eine Anlegerentschädigung in Höhe von maximal 20.000 € angewiesen[53]. Selbstverständlich haben Sie zusätzliche Schadenersatzansprüche gegen die Bank bzw. einen veruntreuenden Bankmanager; im Fall einer Insolvenz werden Sie sich jedoch oftmals mit einer Quote in Höhe von 5-10 % begnügen müssen.

4.3.2 Keine jährlichen Gebühren

Wie oben bereits kurz angedeutet, gibt es Depots, die keine jährlichen Gebühren einheben. Das Problem bei jährlichen Gebühren ist, dass diese auch bei Verlusten anfallen, und somit Ihr Investmentergebnis nicht nur stark schmälern, sondern sogar ins Minus treiben können. Die Reduktion der Kosten auf das Nötigste wird Ihnen den langfristigen Investmenterfolg stark erleichtern.

4.3.3 Möglichst niedrige Gebühren je Transaktion

Nicht nur die jährlichen Fixkosten sind für Sie von Bedeutung, sondern ebenfalls die Gebühren je Transaktion. Dabei gilt es zwischen den Gebühren für die laufenden

---

[53] https://derstandard.at/1363709070976/Wenn-die-Bank-pleite-geht, abgerufen am 2.6.2019.

Investitionen in einen potentiellen Sparplan (ETF Strategie) bzw. für einfache Aktienkäufe bzw. -verkäufe zu unterscheiden. Doch auch bei Letzteren können sich die Gebühren für Käufe von Aktien inländischer bzw. ausländischer Unternehmen unterscheiden. Dies gilt es insbesondere bei der Berkshire-, Buffettimitation- bzw. Selbstselektions-Strategie zu berücksichtigen.

4.3.4 Keine Gebühren auf Dividendenausschüttungen

Neben den bereits genannten Gebühren gibt es Depotbanken, die für Kapitalmaßnahmen wie u.a. Dividendenausschüttungen (z.B. ausländischer Unternehmen) Gebühren einheben. Diese Gebühren können stark variieren und sich entsprechend hoch auf die Dividendenrendite auswirken. Daher gilt es diese Kosten streng im Auge zu behalten, insbesondere dann, wenn Sie sich für dividendenstarke Aktien interessieren und mit Ihrem angelegten Kapital regelmäßige Dividendenzahlungen erzielen möchten.

4.3.5 Verwendung eines österreichischen Depots

Bei der Wahl der (Depot-)Bank könnten Sie als österreichischer Staatsbürger selbstverständlich auf die Idee kommen, das Depot bei einer deutschen Bank zu eröffnen. Gründe hierfür können u.a. bessere Konditionen, Testergebnisse oder ähnliches sein.

Aus steuerrechtlicher Sicht gilt es hier jedoch das Folgende zu beachten: Besitzen Sie ein Depot bei einer deutschen Bank, haben jedoch in Deutschland weder Wohnsitz noch einen gewöhnlichen Aufenthalt, sind Sie in Österreich unbeschränkt steuerpflichtig, in Deutschland beschränkt steuerpflichtig. Besitzen Sie z.B. deutsche Aktien und werden von diesen Unternehmen Dividenden ausbezahlt, bezahlen Sie darauf sofort bei der Auszahlung eine sogenannte Quellensteuer in Höhe von 25 % Kapitalertragsteuer + 5,5 % Solidaritätszuschlag auf die Kapitalertragsteuer (= 26,375 %, bei einer Dividende in Höhe von 1.000 € entspricht dies Kosten in Höhe von 263,75 €). Doch damit nicht genug: Diese Dividende ist zusätzlich bei der österreichischen Steuererklärung anzugeben und wird damit grundsätzlich nochmals besteuert.

Selbstverständlich gibt es ein Doppelbesteuerungsabkommen zwischen Österreich und Deutschland[54]: In Österreich beträgt der Steuersatz auf Dividenden aktuell 27,5 %. Grundsätzlich müssten Sie somit erneut 27,5 % der Dividenden an den österreichischen Fiskus abführen. Bei der Steuerklärung können Sie sich jedoch 15 % Quellensteuer anrechnen lassen. Somit verbleiben jedoch 12,5 % (=125 €), die an das österreichische Finanzamt abzuführen sind. Daraus ergibt sich vorerst eine steuerliche Gesamtbelastung in Höhe von 388,75 €, die die ehemals hohe Dividende stark mindert.

Zwar können Sie sich die Differenz in Höhe von 11,375 % (=113,75 €) vom deutschen Finanzamt zurückholen, woraus Sie eine effektive Steuer-Gesamtbelastung in Höhe von 275 € (=27,5 %) trifft. Wie Sie sich sicher vorstellen können, ist dieser Vorgang für Sie jedoch nicht nur sehr arbeits- und zeitintensiv, sondern kann Sie im Fall einer Abwicklung über die Bank bzw. einen Steuerberater viel Geld kosten und Sie somit um hohe Dividendenrenditen bringen.

Aus den oben angeführten Gründen ist die Investition in ausländische Aktien über ein deutsches Depot somit nicht erstrebenswert: Diverse Länder haben verschiedene (Quellen-)steuerbestimmungen. Ohne die Einschaltung eines Profis (einer Bank bzw. eines Steuerberaters) bzw. ohne viele investierte Stunden Ihrerseits droht eine Doppelbesteuerung, die Dividenden unattraktiv machen können.

Dagegen übernimmt eine österreichische Depotbank für Sie automatisch die Veranlagung bzw. den Kapitalertragsteuerabzug in Höhe von 27,5 %[55]. Die Aufnahme in die Steuerklärung ist nicht erforderlich; entsprechend gibt es keine Doppelbesteuerung, die Sie geltend machen müssen. Hier wird klar, dass Sie bei der Auswahl der Depotbank nicht nur auf die Grundgebühr bzw. die laufenden Kosten, die bei der Depotbank direkt anfallen, achten sollten, sondern auch ein Augenvermerk auf die steuerlichen Folgen legen sollten.

Damit kann ich festhalten: Für Sie als Einsteiger-Investor ist aufgrund der Komplexität bzw. des Aufwands bei der Bearbeitung einer Doppelbesteuerung eine österreichische Depotbank auszuwählen.

---

[54] https://www.wko.at/service/steuern/
Das_neue_Doppelbesteuerungsabkommen_mit_Deutschland_-_Uebe.html, abgerufen am 3.6.2019.

[55] https://www.wko.at/service/steuern/Die-Besteuerung-von-Wertpapieren.html, abgerufen am 4.6.2019.

In Österreich können die soeben angeführten Kosten von Anbieter zu Anbieter stark variieren. Sie sollten sich idealerweise über einen Verbrauchertest informieren bzw. die oben beschriebenen Kostentypen mittels Preis-/Leistungsverzeichnis der Anbieter genau unter die Lupe nehmen. Bei bestimmten Depotvergleichen können Sie Ihre individuellen Gegebenheiten angeben (z.B. Anzahl an Transaktionen pro Jahr, Höhe des investierten Kapitals) und somit maßgeschneidert ein für Sie kostengünstiges Modell wählen.

Beispiel eines Depottests, ohne Setzung von Parametern

Beispiel eines Depotvergleiches, inklusive Setzung von Parametern

Depotvergleich

Ordervolumen		Order pro Jahr	
1000	Euro	12	Order

Anteil Order über Internet		Durchschnittl. Depotvolumen	
100%	⇕	20000	Euro

Depots vergleichen

Anbieter	Informationen	Kosten Depot p.a.	Kosten pro Order	Kosten Gesamt	
DEGIRO	DEGIRO Depot	0,00 €	2,38 €	**28,56 €**	zum Anbieter

4.3.6 Fallbeispiele: Welches Depot für Sie bei der jeweiligen Strategie sinnvoll ist

Um es für Sie möglichst einfach zu gestalten, welches Depot jeweils das für Sie sinnvollste ist, habe ich Ihnen für jede der vier Strategien (Berkshire Hathaway, Buffettimitation, ETF, Selbstselektion) eine Kostengegenüberstellung der jährlichen Gebühren erstellt. Zusätzlich folgt eine Gesamtbewertung, in der die verschiedenen Depotbanken insgesamt gereiht werden.

Es wurden verschiedene Broker aus diversen Vergleichstests herangezogen; von traditionellen Geschäftsbanken bis zu Online Banken; von österreichischen bis zu ausländischen Banken.

Insgesamt stellt sich heraus, dass Direktbanken im Vergleich zu traditionellen Geschäftsbanken um ein Vielfaches günstiger sind (obwohl grundsätzlich alle Transaktionen über das Internet abgewickelt werden, ohne Beratungsleistungen eines Bankmanagers). Doch auch zwischen den verschiedenen Online Banken finden sich große Unterschiede.

Sämtliche Kosten wurden anhand der publizierten Kostenaufstellungen der jeweiligen Banken ermittelt [56] [57] [58] [59] [60] [61] [62] [63] [64] [65] [66] [67] [68] [69]. Unter den angegeben Links können Sie somit sämtliche Kosten der untersuchten Banken selbst unter die Lupe nehmen. Folgende Vorstellungen lagen dem Vergleichstest zugrunde:

- Depotvolumen in Höhe von insgesamt 5.000 € (davon 3.000 € Altbestand + Zukäufe um insgesamt 2.000 €, die zu Transaktionskosten führen sollten)
- Als Umrechnungskurs für den US-Dollar zum Euro wurde 0,89 angenommen
- Bei Kauf eines ausländischen Wertpapiers (z.B. US-Unternehmen, bzw. deutsche Unternehmen) wurde Kauf an ausländischem Börsenplatz vorausgesetzt
- Strategie Berkshire Hathaway: Zwei Transaktionen in einem Jahr (je Transaktion Kauf von 10 Aktien zu je 100 € (umgerechnet), es werden keine Dividenden ausgeschüttet, gesamt 1 Position)
- Strategie Buffett Imitation: Zwei Transaktionen in einem Jahr (je Transaktion Kauf von 10 Aktien zu je 100 € (umgerechnet), es werden von 3 US-Positionen Dividenden ausgeschüttet, gesamt 5 US-Positionen)

[56] https://www.degiro.at/data/pdf/at/Preisverzeichnis.pdf, abgerufen am 4.6.2019.

[57] https://www.captrader.com/de/konto/konditionen/, abgerufen am 4.6.2019.

[58] https://www.banxbroker.at/downloads/banx_konditionen.pdf, abgerufen am 4.6.2019.

[59] https://www.lynxbroker.de/media/doc/LYNX_Preis_und_Leistungsverzeichnis.pdf, abgerufen am 4.6.2019.

[60] https://www.dad.at/Service/Service/Konditionen, abgerufen am 4.6.2019.

[61] https://konto.flatex.de/formularcenter_at_bank/public/5100100.pdf, abgerufen am 4.6.2019.

[62] https://www.sparkasse.at/erstebank/privatkunden/sparen-anlegen/anlegen-investieren/wertpapier-services/unsere-leistungen/direktdepot#depot-konditionen, abgerufen am 4.6.2019.

[63] https://dok.dkb.de/pdf/plv_pk.pdf, abgerufen am 4.6.2019.

[64] https://www.bankdirekt.at/eBusiness/01_template1/1132762101969358860-1136660005177322028_1277460576937164538_1306879125100598562-1306879125100598562-NA-2-NA123-NA-NA.html, abgerufen am 4.6.2019.

[65] https://www.easybank.at/cms/downloads/pdf/konditionen/preisblaetter/wertpapier/easy-broker.pdf?binary=true, abgerufen am 4.6.2019.

[66] https://www.hellobank.at/pdf/Info/Konditionenverzeichnis.aspx, abgerufen am 4.6.2019.

[67] https://www.boerse-live.at/wertpapiere/1140899850527650608_1136681826562804759-1136681826562804759-NA-1-NA-NA-NA.html, abgerufen am 4.6.2019.

[68] https://www.generalibank.at/wertpapier/depot, abgerufen am 4.6.2019.

[69] https://www.bawagpsk.com/linkableblob/BAWAGPSK/119076/f3f0d90d0b7766ab366f989f2a16ae7d/entgelte---konditionen-fuer-wertpapiere-data.pdf, abgerufen am 4.6.2019.

- Strategie ETF Sparplan: Acht Transaktionen in einem Jahr (je Sparplan-Ausführung Investition in Höhe von 250 €, gesamt 1 Position)
- Strategie Selbstselektion: Zwei Transaktionen in einem Jahr (1 Transaktion mit Kauf von 10 österreichischen (AT) Aktien zu je 100 €, 1 Transaktion mit Kauf von 10 deutschen (DE) Aktien zu je 100 €, es werden von 2 AT-Positionen Dividenden ausgeschüttet, gesamt 5 Positionen)
- Promotionen wie kurzfristige Preissenkungen, einjährige Gebührenfreiheit, bzw. temporär vergünstigte Transaktionsgebühren wurden nicht berücksichtigt. Entsprechend wurden für den Test ausschließlich die regulären Gebühren für Bestandskunden herangezogen.

4.3.6.1 Strategie Berkshire Hathaway

Strategie Berkshire Hathaway (AT Banken)	Gebühren gesamt p.a. in €
DADAT Bank	26,5
Flatex	31,8
bankdirekt.at	49,1
Easybank	58,8
Hellobank	64,9
boerse-live.at	65,6
Erste Bank	98,66
Generali Bank	108,6
Bawag PSK	138,2

Unter der Verwendung einer österreichischen Bank ist eindeutig die DADAT Bank bzw. Flatex die erste Wahl. Alle anderen Banken sind so weit abgeschlagen, dass sie in diesem Test durchgefallen sind. Besonders exorbitant ist die Gebührenstruktur der traditionellen Geschäftsbanken, der Generali Bank (4-fache Gebühr der DADAT Bank) bzw. der Bawag PSK (mehr als 5-fache Gebühr im Vergleich zur DADAT Bank).

Strategie Berkshire Hathaway (keine AT Banken)	Gebühren gesamt p.a. in €
DEGIRO	1,1
CapTrader	3,7
Banx	5,3
Lynx	8,9
DKB	40

Alle nicht-österreichischen Anbieter - ausgenommen DKB - schlagen sämtliche österreichischen Online Broker um Längen. Dennoch sollten Sie die steuerlichen Implikationen wie oben besprochen nicht gänzlich außer Acht lassen.

4.3.6.2 Strategie Buffett Imitation

Strategie Buffett Imitation (AT Banken)	Gebühren gesamt p.a. in €
DADAT Bank	38,5
Flatex	49,5
Easybank	69,4
Hellobank	76,9
Erste Bank	98,66
bankdirekt.at	108,2
Generali Bank	108,6
boerse-live.at	128,0
Bawag PSK	138,2

In diesem Fall scheidet bei den österreichischen Banken lediglich die DADAT Bank gut ab, alle anderen Banken fallen durch, wobei auch hier wiederum die traditionellen Geschäftsbanken auf den letzten Rängen landen.

Strategie Buffett Imitation (keine AT Banken)	Gebühren gesamt p.a. in €
DEGIRO	1,1
CapTrader	3,7
Banx	5,3
Lynx	8,9
DKB	40

Auch in diesem Fall schneiden die nicht-österreichischen Banken um ein Vielfaches besser ab als die österreichischen. Verglichen mit den anderen deutschen Anbietern ist die DKB klarer Verlierer.

4.3.6.3 Strategie ETF Sparplan

Strategie ETF Sparplan (AT Banken)	Gebühren gesamt p.a. in €
Flatex	12
DADAT Bank	28,5
Hellobank	54,5

Strategie ETF Sparplan (keine AT Banken)	Gebühren gesamt p.a. in €
DKB	12

Von den 14 ausgewählten (Depot-)Banken bieten lediglich 4 (davon 3 österreichische, 1 deutsche) Index ETF-Sparpläne an. Entsprechend fallen 10 der Banken durch. Aufgrund der (verglichen mit Flatex) hohen Gebührenstruktur fallen sowohl die DADAT Bank als auch die Hellobank durch. Da Flatex mit der DKB mit jeweils exakt 12 € gleichauf liegt, ist jedenfalls Flatex aufgrund der besprochenen steuerlichen Aspekte der Vorzug zu geben.

4.3.6.4 Strategie Selbstselektion

Strategie Selbstselektion (AT Banken)	Gebühren gesamt p.a. in €
Flatex	17,7
DADAT Bank	39,3
Easybank	56,3
Hellobank	61,6
bankdirekt.at	70,7
Erste Bank	98,66
Generali Bank	108,6
Bawag PSK	114,6
boerse-live.at	120

Bei den österreichischen Banken fallen aufgrund der (verglichen mit Flatex) hohen Gebührenstruktur alle anderen Banken außer Flatex durch.

Strategie Selbstselektion (keine AT Banken)	Gebühren gesamt p.a. in €
DEGIRO	4
Banx	7,8
CapTrader	8,2
Lynx	11,6
DKB	30

Bei den nicht-österreichischen Anbietern fällt lediglich die DKB durch.

4.3.6.5 Gesamtbewertung der Depot-(Banken)

Eine Konsolidierung der obigen Ergebnisse mittels Schulnotensystem ergibt gesamt die folgende Reihung (dabei wurden die österreichischen und deutschen Banken aufgrund der zuvor beschriebenen steuerlichen Schwierigkeiten strikt getrennt und somit in keiner Relation zueinander bewertet).

Strategien 1-4 Reihung (AT Banken)	Gesamtnote
Flatex	2
DADAT Bank	3
Erste Bank	5
Hellobank	5
Easybank	5
bankdirekt.at	5
Generali Bank	5
boerse-live.at	5
Bawag PSK	5

Bei den österreichischen Banken gewinnt Flatex klar vor der DADAT Bank. Alle anderen österreichischen Banken fallen durch. Nicht unerwähnt soll bleiben, dass Flatex einen negativen Zins iHv -0,4 % auf Guthaben am Verrechnungskonto einhebt[70]. Entsprechend ist stets nur jener Betrag auf das Verrechnungskonto zu überweisen, der für tatsächlich geplante Aktienkäufe benötigt wird.

Strategien 1-4 Reihung (keine AT Banken)	Gesamtnote
DEGIRO	2 .
CapTrader	2

---

[70] https://konto.flatex.at/formularcenter_at_bank/public/5100100.pdf, abgerufen am 25.8.2019.

Strategien 1-4 Reihung (keine AT Banken)	Gesamtnote
Banx	3
Lynx	4
DKB	4

Insgesamt gewinnt DEGIRO knapp vor CapTrader, klar vor Banx und Lynx. Besonders schwach zeigt sich die DKB, die ausschließlich in der Kategorie ETF stark punkten kann.

Anhand dieser Gesamtbewertung sowie der individuellen Bewertung bei den einzelnen Strategien können Sie für sich entscheiden, welches Depot für Sie finanziell am meisten Sinn macht. Sie haben gesehen, dass die Unterschiede bei den Gebühren nicht unerheblich sind.

Depotkosten sind die Kosten, die Sie am einfachsten einsparen können, und erleichtern es Ihnen, langfristig eine hohe Rendite auf Ihre Investments zu erzielen.

Natürlich können neue Teilnehmer in den Markt eintreten bzw. mit neuen Konditionen auf veränderte Rahmenbedingungen reagieren. Entsprechend lohnt es sich, die genannten Quellen aufzusuchen, um sich zu versichern, nur zu den besten Konditionen zu kaufen bzw. zu verkaufen.

4.4 Die Auswahl des Börsenplatzes

Der Vergleich der Wertpapierbroker hat gezeigt, dass Aktien an verschiedenen Börsenplätzen in verschiedenen Städten/Ländern gehandelt werden. Dies wiederum hat Auswirkungen auf die Depotgebühren bei der Durchführung einer Transaktion: Bei einem österreichischen Depot werden die Transaktionsgebühren in der Regel für an der Wiener Börse gehandelte Papiere niedriger sein als jene, die beim Handel an einer deutschen bzw. amerikanischen Börse anfallen. Die Frage, die sich daher für Sie als Investmenteinsteiger stellt, ist die folgende: An welchem Börsenplatz kaufen Sie am besten?

Dazu sollten Sie das Folgende wissen: Ausländische Aktien werden grundsätzlich primär an dem eigens gewählten Börsenplatz gelistet.[71] In der Regel hängt dies mit dem Land zusammen, in dem das jeweilige Unternehmen seinen Sitz hat. Aktien amerikanischer Unternehmen werden z.B. primär in den USA gelistet. Dies bedeutet jedoch nicht, dass Sie die Aktien an einem US-Börsenplatz kaufen müssen. Viele Auslandsaktien werden auch auf anderen Handelsplätzen angeboten, z.B. an deutschen Handelsplätzen[72]. Doch was ist zu beachten und welche Gründe sprechen dafür, welche dagegen?

Der einzige Grund, der dafür spricht, ausländische Aktien (z.B. US Aktien) an einem US Börsenplatz zu kaufen, ist die Liquidität: US Aktien, die z.B. an einem deutschen Börsenplatz verkauft werden, sind teilweise nicht so liquide, was zu einem relativ teureren Ankaufskurs führen kann[73]. Entsprechend sollten Sie den Euro-Aktienkurs mit dem US-Aktienkurs bzw. die vergangene Kursentwicklung der Aktienkurse vergleichen.

Andererseits können die Depotkonditionen Ihres Brokers dafür sprechen, eine ausländische Aktie am Heimatbörsenplatz zu kaufen: Die Gebühren für einen Kauf an einer ausländischen Börse sind oftmals um ein Vielfaches höher als jene für den Kauf an einem inländischen Börsenplatz. Entsprechend sollten Sie sich vor dem Kauf die Konditionen Ihres Depots genau ansehen und die Gebühren bei den verschiedenen Börsenplätzen berücksichtigen. Nicht außer Acht lassen sollten Sie, dass Sie z.B. beim Kauf einer US Aktie an einem US Börsenplatz den Kauf zu US Dollar tätigen. Somit tragen Sie das Fremdwährungsrisiko: Fällt der Dollar im Vergleich zum Euro, kann sich Ihre Position äußerst negativ entwickeln, selbst wenn die Aktie selbst stark steigt[74].

Insgesamt empfehle ich daher, wenn der Börsenkurs in Euro nicht bedeutend teurer ist als in der Fremdwährung, den Kauf an einem heimischen Börsenplatz.

---

[71] https://www.cash.ch/ratgeber/strategie/das-mussen-sie-beim-handel-mit-auslandsaktien-beachten-483754, abgerufen am 6.6.2019.

[72] https://www.cash.ch/ratgeber/strategie/das-mussen-sie-beim-handel-mit-auslandsaktien-beachten-483754, abgerufen am 6.6.2019.

[73] https://www.cash.ch/ratgeber/strategie/das-mussen-sie-beim-handel-mit-auslandsaktien-beachten-483754, abgerufen am 6.6.2019.

[74] https://www.cash.ch/ratgeber/strategie/das-mussen-sie-beim-handel-mit-auslandsaktien-beachten-483754, abgerufen am 6.6.2019.

4.5 Die Auswahl der Indizes

Bei der ETF Strategie bzw. bei der Suche nach Top/Flop 52 Wochen können Sie aus diversen Indizes wählen. Ein Index ist ein Teilmarkt, in dem die Aktien diverser Unternehmen zusammengefasst werden. In den USA sind die wichtigsten Indizes der stark diversifizierte S&P 500, der Dow Jones bzw. der Nasdaq Comp.. In Deutschland sollten Sie sich auf den DAX, MDAX, SDAX bzw. TecDAX fokussieren, in Österreich auf den ATX Prime. Im Vereinigten Königreich können Sie mit einem ETF auf den FTSE 100 einen Anteil an einem diversifizierten Index erwerben. Neben bedeutenden asiatischen Indizes bieten sich weitere europäische Indizes (z.B. CAC 40 in Frankreich, IBEX 35 in Spanien, OMXS PI in Schweden) an. Der Nikkei 225 (Japan) bzw. der SMI (Schweiz) können weitere Kaufgelegenheiten bieten.

Unter dem folgenden Link finden Sie eine Übersicht der wichtigsten Indizes[75]. Ich kann und möchte keine Empfehlung für einen bestimmten Index abgeben, da - wie in nachstehenden Kapiteln behandelt - auf Makro Trends zu setzen von Vornherein zum Scheitern verurteilt ist. In der Vergangenheit hat sich jedoch der S&P 500 als stark diversifizierter Index oftmals bewährt.

4.6 Dividenden

4.6.1 Reinvestieren oder auszahlen?

Dividenden sind großartig. Mit Dividenden können Sie jährlich hohe Renditen erzielen. Doch was tun mit den Dividenden? Auszahlen lassen und ausgeben oder reinvestieren? Aus steuerlicher Sicht besteht kein Unterschied, denn: Selbst wenn Sie die automatische Reinvestition von Dividenden im Vorhinein festlegen und Ihnen die Dividende somit nie zufließt, ist die Reinvestition genauso steuerpflichtig wie wenn Sie die Dividende auf Ihrem Konto gutgeschrieben bekommen würden[76]. Aus steuerlicher Perspektive können Sie sich somit die Dividende getrost auszahlen lassen.

---

[75] https://www.finanzen.net/indizes, abgerufen am 6.6.2019.

[76] https://www.focus.de/finanzen/boerse/diese-fuenf-gruende-ueberzeugen-dividenden-reinvestieren-das-spricht-dafuer_id_10160229.html, abgerufen am 6.6.2019.

Nicht außer Acht lassen sollten Sie jedoch den Zinseszinseffekt: Kleinen Kindern rechnen wir vor, wieviel mehr Geld sich auf ihrem Konto befindet, wenn sie Erspartes immer wieder veranlagen, und anstatt zu konsumieren sparen. Dies gilt hier genauso: Wenn Sie Dividenden mit einer hohen Rendite ausbezahlt bekommen, und diese wiederum in dieselbe Aktie mit einer hohen Dividendenrendite investieren, werden Sie nach vielen Jahren vom Zinseszinseffekt stark profitieren.

Die Wissenschaftler Dimson, Marsh und Staunton haben gezeigt, dass wenn Dividenden über einen Zeitraum von 101 Jahren gleich wieder investiert wurden, die Endsumme am Ende 85 mal höher war, als wenn die Dividenden wieder ausgegeben worden wären[77]. Dieses Beispiel macht die ungeheure Macht des Zinseszinseffekts deutlich. Entsprechend kann ich hier die klare Empfehlung abgeben, Dividenden wieder zu reinvestieren.

4.6.1 Dividendenberechtigung

Sollten Sie sich fragen, wann genau festgelegt ist, welche Dividende das nächste Jahr ausbezahlt wird, bzw. bis wann genau Sie sich für eine Dividendenauszahlung qualifizieren können, ist der folgende Abschnitt relevant für Sie: Bei der Hauptversammlung jeder Kapitalgesellschaft wird über die Auszahlung einer Dividende für das abgelaufene Geschäftsjahr entschieden bzw. abgestimmt. Zwei Tage vor dem Nachweisstichtag (Record Date) muss eine Aktie spätestens gekauft werden, damit die Aktie sich für eine Dividendenzahlung qualifiziert[78]. Der sogenannte Cum-Tag ist der letzte Tag, an dem Sie eine Aktie mit Qualifikation auf die Dividendenzahlung erwerben können[79]. Der Ex-Tag wiederum ist der erste Tag, an dem Sie bei Erwerb der Aktie keinen Anspruch auf die Dividendenzahlung erwerben, woraus in der Regel ein Abschlag

---

[77] https://www.handelsblatt.com/finanzen/anlagestrategie/trends/ausschuettungen-dividenden-wieder-investieren/4675574-2.html?ticket=ST-284571-9LUO6GQ3KKGWEz6wbqFL-ap4, abgerufen am 6.6.2019.

[78] https://www.wienerborse.at/wissen/finanzinstrumente/aktien/dividendenberechtigt/, abgerufen am 6.6.2019.

[79] https://www.wienerborse.at/wissen/finanzinstrumente/aktien/dividendenberechtigt/, abgerufen am 6.6.2019.

resultieren sollte[80]. Am Zahltag wiederum erhalten Sie als Aktionär die Dividende ausbezahlt[81].

4.7 Steuern

4.7.1 Verschiedene Arten der Besteuerung

Aktien werden im Wesentlichen in folgenden zwei Fällen versteuert:
1. Bei einer Veräußerung mit Gewinn (27,5 % auf den Gewinn)
2. Bei einer Dividendenausschüttung (27,5 %)

Diese 27,5 % gilt es insbesondere bei der Ermittlung der tatsächlichen Nettorendite bei Dividendenzahlungen zu berücksichtigen. Anders als bei Dividenden war die Besteuerung bis 2011 im Vergleich noch paradiesisch: Bis heute sind sämtliche Gewinne aus der Veräußerung von Aktien, die vor dem 1.1.2011 angeschafft wurden, steuerfrei[82].

Wenn Sie über ein österreichisches Depot verfügen, übernimmt die Bank grundsätzlich für Sie die Abfuhr der Kapitalertragsteuer in Höhe von 27,5 %, sowohl bei Dividendenzahlungen als auch bei Veräußerungsgewinnen. Die Bank behält den Betrag ein und leitet diesen automatisch an das Finanzamt weiter. Von Ihnen ist nichts weiter zu tun. Etwas anderes gilt - wie bereits zuvor angedeutet - bei einem ausländischen Depot: Hier sind sämtliche Kapitalerträge in die Steuererklärung aufzunehmen[83].

4.7.2 Steuertipps

Sollten Sie neben der Erzielung von Dividenden über kein bis nur sehr wenig Einkommen verfügen, kann es für Sie ratsam sein, sämtliche Kapitaleinkünfte über die Steuererklärung

---

[80] https://www.wienerborse.at/wissen/finanzinstrumente/aktien/dividendenberechtigt/, abgerufen am 6.6.2019.

[81] https://www.wienerborse.at/wissen/finanzinstrumente/aktien/dividendenberechtigt/, abgerufen am 6.6.2019.

[82] https://www.wko.at/service/steuern/Die-Besteuerung-von-Wertpapieren.html, abgerufen am 6.6.2019.

[83] https://www.wko.at/service/steuern/Die-Besteuerung-von-Wertpapieren.html, abgerufen am 6.6.2019.

zum allgemeinen Steuertarif zu veranlagen (Regelbesteuerungsoption)[84]. Selbstverständlich ist diese Option zeitaufwändiger. Außerdem sollten Sie genau prüfen, ob sie sich bei Ihnen tatsächlich steuersenkend auswirkt. Dies ist, wie kurz angesprochen, nur im Falle niedriger Einkünfte - neben jenen aus Kapitalvermögen - der Fall. Konkret müssen dafür Ihre übrigen Einkünften im Schnitt einer Besteuerung in Höhe von weniger als 27,5 % unterliegen[85].

Von diesem eher seltenen Fall abgesehen können Sie durch den Verlustausgleich jährlich Steuerersparnisse erzielen: Werden in einem Jahr positive wie negative Kapitaleinkünfte erzielt (z.B. positive Einkünfte aus Dividenden und ein Verlust aufgrund einer Veräußerung einer Aktienposition), können diese Verluste soweit verwertet werden, dass ein Privatanleger für die „zuviel" einbehaltene Kapitalertragsteuer eine Gutschrift erhält[86]. Im Regelfall sind Banken dazu verpflichtet, den Verlustausgleich bei Privatkunden automatisch vorzunehmen[87]. Bei Vorliegen mehrerer Depots bzw. eines ausländischen Depots ist der Verlust über die Steuererklärung geltend zu machen[88].

Wenn die Bank in der Regel den Verlustausgleich vornimmt, worin liegt dann der Tipp für Sie, liebe Einsteiger Investoren? Das Problem ist, dass der Verlustausgleich nicht in Folgejahre mitgenommen werden kann[89]. Dies bedeutet, dass Sie die Steuern, die Sie auf Dividenden bezahlen, bei einem späteren Verkauf zu einem Verlust nicht begutschriftet bekommen. Alle Steuern auf Dividenden, die Sie bis zum Letzten des Jahres nicht mit einem Verlust ausgleichen, sind somit grundsätzlich fixiert.

Doch hier nun der Tipp: Am Ende des Jahres kann es für Sie Sinn machen, schlecht laufende Positionen zu einem Verlust zu verkaufen, selbst wenn Sie die Aktie im Folgejahr

---

[84] https://www.wko.at/branchen/information-consulting/finanzdienstleister/artikel-besteuerung-von-kapitalvermoegen.pdf, abgerufen am 6.6.2019.

[85] https://www.bmf.gv.at/steuern/Besteuerung-inl-sowie-im-Inland-bez-Kapalertraege.html, abgerufen am 6.6.2.2019.

[86] https://www.wko.at/branchen/information-consulting/finanzdienstleister/artikel-besteuerung-von-kapitalvermoegen.pdf, abgerufen am 6.6.2019.

[87] https://www.wko.at/branchen/information-consulting/finanzdienstleister/artikel-besteuerung-von-kapitalvermoegen.pdf, abgerufen am 6.6.2019.

[88] https://www.wko.at/branchen/information-consulting/finanzdienstleister/artikel-besteuerung-von-kapitalvermoegen.pdf, abgerufen am 6.6.2019.

[89] https://www.wko.at/branchen/information-consulting/finanzdienstleister/artikel-besteuerung-von-kapitalvermoegen.pdf, abgerufen am 6.6.2019.

wieder kaufen möchten. Selbstverständlich müssen Sie hierfür die ersparte Steuer in Relation zu den Transaktionskosten setzen. Doch: Sind die Steuern, die Sie auf Dividenden bezahlen, hoch und die Transaktionskosten gering, kann es durchaus sinnvoll sein, für ein paar Tage gegen Jahresende einige Positionen zu verkaufen, um sie später wieder zu zurückzukaufen. Damit können Sie Ihre Dividendenrendite wieder erhöhen und Ihre Steuern und Abgaben legal senken.

Falls Ihnen nun die Frage gekommen ist, ob Sie Gebühren (etwa Transaktionskosten beim Kauf einer Aktie bzw. generell Depotgebühren) von Ihren Erträgen beim Verkauf absetzen können, so muss ich Sie leider enttäuschen: Sie können Depotgebühren, Transaktionskosten sowie Finanzierungskosten (z.B. Zinsen für kreditfinanzierte Aktien) nicht von Ihren Einkünften abziehen[90] [91].

Selbstverständlich könnten hier noch viele weitere Tipps und Informationen zum Thema Steuern bei Kapitalanlage angeführt werden. Doch da es sich hierbei um ein Einsteigerbuch für Börsenneulinge, und um kein „Steuern 1x1" handeln soll, habe ich mich auf die wichtigsten Aspekte beschränkt, die Sie konkret berücksichtigen bzw. einmal gehört haben sollten.

4.8 Informationsbeschaffung

4.8.1 Generelle Einholung von Informationen

Bevor Sie sich mit den Steuern Ihrer Veranlagung beschäftigen müssen, stellt sich für Sie, liebe Einsteiger Investoren, die Frage, wie Sie am besten zu Information gelangen, bzw. welche Kanäle Sie bevorzugt benützen und welche Sie eher vermeiden sollten.

Wie Sie aus dem großen Pool an Unternehmen, in die Sie grundsätzlich investieren können, am besten aussieben, wurde bereits geklärt. Doch wenn Sie nun weitere Informationen über ein Unternehmen sammeln möchten, rate ich Ihnen die folgenden Kanäle zu benutzen: Primär lese ich den Geschäftsbericht eines Unternehmens, da dieser

---

[90] https://www.bmf.gv.at/steuern/Besteuerung-inl-sowie-im-Inland-bez-Kapitalertraege.html, abgerufen am 6.6.2019.

[91] https://www.bmf.gv.at/steuern/Substanzgewinne-bzw-Einkuenfte-aus-realisierten-Wertsteiger.html, abgerufen am 6.6.2019.

durch eine Wirtschaftsprüfungsgesellschaft geprüft ist und die meisten relevanten Informationen über ein Unternehmen enthält. Sekundär können Sie seriöse Zeitungen bzw. Fachzeitschriften sowie das Internet (z.B. Google News) durchsuchen, um die aktuellsten Entwicklungen zu verfolgen.

Bücher halte ich für Einsteiger Investoren eher wenig geeignet, da sie oftmals zu generell gehalten bzw. nicht auf Ihre individuellen Anlegerinteressen zugeschnitten sind. Zusätzlich benötigt die Lektüre eines gesamten Buches mehr Zeit als Sie wohl zu investieren bereit sind. Daher rate ich eher davon ab. Aufschlussreich kann der Lokalaugenschein bei einem Unternehmen, in das Sie zu investieren gedenken, sein: Filialen eines Unternehmens, in das Sie investieren möchten, zu besuchen, kann sehr aufschlussreich sein: Wie viele Kunden befinden sich im Geschäft, wieviel kaufen sie im Schnitt ein, wie bewerten Sie die Produkte bzw. das Ladendesign etc.

Insgesamt gibt es nicht die eine richtige Quelle, die Sie konsultieren können und die Erfolg garantiert. Die besten Ergebnisse erzielen Sie, indem Sie mehrere Quellen aufrufen, um die erhaltenen Informationen hinterfragen zu können.

4.8.2 Informationen des Bankberaters

Stark abraten möchte ich davon, sich bei einem Bankberater Informationen einzuholen. Bankberater sind bei Wertpapierempfehlungen meiner Erfahrung nach hauptsächlich Verkäufer: Man wird Ihnen bestimmte Fonds der eigenen Bank empfehlen, die von zentraler Stelle erstellt wurden. Diese Produkte werden an die Bankfilialen weitergeleitet, wobei Bankberater über all jene Informationen ausgestattet werden, die sie für den professionellen Verkauf dieser Produkte benötigen. Selbst recherchiert haben sie in der Regel nichts. Lösungen, die für Sie am Ende des Tages die höchste Rendite bringen, stehen somit nicht unbedingt im Interesse des Bankberaters. Provisionen sind für einen Verkäufer gewöhnlich wichtiger als das beste Produkt an den Kunden zu bringen, bei der die Bank jedoch weniger verdient.

Wenn Ihr Bankberater Ihnen abgesehen von eigenen Fonds bestimmte Aktien empfiehlt, sind diese oftmals nur wenig fundiert: Diese „Tipps" sind in der Regel Informationen, die Sie durch die Konsultierung von Hobby-Börsenplattformen ebenfalls erhalten können. Wann auch immer ich mit Bankberatern über dieses Thema gesprochen habe, war ich im

Nachhinein froh, die Veranlagung meiner Ersparnisse nicht der jeweiligen Bank überlassen zu haben.

4.8.3 Auf langfristige Unternehmensnachrichten beschränken

Ich persönlich konsultiere, wenn ich mich generell über Wirtschaftsnachrichten informieren möchte, die Website Börse ARD[92]. Doch auch hier interessiere ich mich ausschließlich für einzelne Branchenberichte bzw. Berichte über einzelne Unternehmen. Politische Informationen bzw. weltweite Makro Prognosen nehme ich maximal zur Kenntnis, verwende sie jedoch niemals für Kauf- bzw. Verkaufsentscheidungen. Entscheidend für mich ist die Mikro Ebene, das sind Informationen zu einzelnen Unternehmen bzw. Branchen.

Auf die Makro Ebene zu setzen und z.B. in bestimmte Unternehmen aufgrund des Klimawandels zu setzen, halte ich für unklug: Erstens sind solche Prognosen schwer zu treffen, und die genauen Implikationen oftmals zu komplex. Zweitens muss ich als Investor hinter meinen eigenen Kaufentscheidungen stehen und dafür Käufe bzw. Verkäufe auf der Grundlage einer fundierten Informationsbasis treffen. Irgendwelche weltweiten Trends zu prognostizieren und daraus erfolgreiche Unternehmen der Zukunft abzuleiten, halte ich für Spekulation. Entsprechend empfehle ich auch Ihnen, sich auf Unternehmensinformationen bzw. Brancheninformationen zu beschränken. Kaufen Sie nicht, weil ein bestimmter Präsident gewählt wurde; kaufen Sie, weil Sie von der langfristigen Qualität eines Unternehmens überzeugt sind.

4.8.4 Wie mit Insiderinformationen umgehen

Eine letzte Frage, die sich Ihnen stellen könnte, ist wie Sie am besten auf Informationen reagieren, die Ihnen bestimmte „Insider" geben: So könnte es sein, dass Sie mit jemandem verwandt bzw. befreundet sind, der im Vorstand bzw. Aufsichtsrat eines Unternehmens sitzt und Ihnen beiläufig Informationen mitteilt, die sich positiv oder negativ auf den Aktienkurs eines Unternehmens auswirken könnten.

Vorstellbar ist zum Beispiel, dass Sie erfahren, dass ein Unternehmen verkauft wird oder erstmals beginnt, eine Dividende zu zahlen. Rechtlich handelt es sich hierbei um illegalen

---

[92] https://boerse.ard.de/index.html, abgerufen am 8.6.2019.

Insiderhandel, wenn Sie eine solche Information, die der Öffentlichkeit noch nicht bekannt ist, ausnützen und Aktien kaufen, um z.B. eine Kurssteigerung aufgrund einer angekündigten Dividende auszunützen[93].

Davon abgesehen, dass dieses Vorgehen illegal ist, sollten Sie aus einem zweiten Grund niemals aufgrund solcher Informationen investieren: Ihre Investitionsentscheidung sollte langfristig sein und sich auf Ihre eigene Überzeugung stützen. Wie schon zuvor angekündigt hängt der Börsenkurs eines Unternehmens von verschiedensten Faktoren ab. Die Wertentwicklung kann somit ganz anders ausfallen, als Sie es aufgrund der Insiderinformation erwarten. Trotz angekündigter Dividende können andere Probleme - von denen Sie nichts wissen - den Aktienkurs drücken. Schlimmstenfalls stehen Sie dann mit Aktien eines Unternehmens da, die Sie aus eigener Überzeugung nie gekauft hätten.

4.9 Nachrichtencheck

Wenn Sie erst einmal Aktien erworben haben, stellt sich die Frage, wie oft Sie die Börsennachrichten/aktuellen Kurse checken sollten bzw. wie Sie generell mit neuen Nachrichten umgehen sollten.

Ich rate stark davon ab, oft die aktuellen Börsenkurse zu überprüfen. Bei Ihren Investitionen sollten Sie langfristig vorgehen. Stündlich bzw. täglich die Kursentwicklungen zu verfolgen hindert Sie an diesem Ziel. Es reicht vollkommen, einmal im Monat die Wertentwicklung des eigenen Depots zu überprüfen. Grundsätzlich wäre es auch ausreichend, nur vierteljährlich die Entwicklung zu überprüfen. Wenn Sie sich an einem gut gehenden Unternehmen, das nicht an der Börse notiert, beteiligen würden, würden Sie ja auch nicht täglich Ihren Kauf hinterfragen, sondern Ihre Entscheidung auf Basis der geschäftlichen Gegebenheiten (z.B. Umsatz, Gewinn, Cashflow) und den Gewinn, den Sie daraus erzielen (Dividenden), treffen.

Warren Buffett selbst hat in den 1990-er Jahren, als das Bloomberg Terminal Verbreitung fand (Industriestandard bis heute, um im Minutentakt sämtliche Kursentwicklungen der Welt verfolgen zu können), lange den Kauf eines solchen Computers abgelehnt, und es selbst dann, als es schließlich erworben wurde, weit von seinem Schreibtisch entfernt

---

[93] https://www.sec.gov/Archives/edgar/data/25743/000138713113000737/ex14_02.htm, abgerufen am 8.6.2019.

platzieren lassen[94]. Er war schon damals der Meinung, dass Börsenkurse im Minutentakt zu verfolgen, nichts mit langfristigem Investieren zu tun habe[95].

Selbstverständlich können Sie sachliche Informationen bzw. Berichte zu Unternehmen, die Sie gekauft haben, lesen. Doch hierbei sollten Sie sich ausschließlich auf Berichte beschränken, die für die langfristige Wertentwicklung bzw. Gewinnentwicklung des Unternehmens relevant sind. Dazu ein Beispiel: Als Aktionär von Apple müssen Sie nicht jede einzelne Produktneueinführung verfolgen. Berichte über nachhaltige Absatzrückgänge beim wichtigsten Produkt, dem iPhone, werden für Sie dagegen sehr wohl interessant sein.

4.10 Verwendung von Musterdepots

Bevor sie sich an die Börse wagen, versuchen manche Neulinge zunächst in einem Börsenspiel bzw. Musterdepot ihr Glück. Diverse Banken bieten die Möglichkeit eines Musterdepots kostenlos an (z.B. Raiffeisen, Erste Bank, Generali Bank, Schoellerbank, Hypo Vorarlberg, u.v.m.). Doch auch Online Broker wie z.B. Flatex stellen ein Musterdepot gratis zur Verfügung.

Um ein Musterdepot zu eröffnen, benötigen Sie oftmals kein eigenes Konto bei einer Bank, denn viele Online Plattformen bieten eine kostenlose Möglichkeit, ein Musterdepot zu eröffnen. Einen Vergleichstest über deutsche Musterdepots finden Sie unter dem folgenden Link[96].

Der Vorteil eines Musterdepots liegt hauptsächlich darin, dass Sie realistisch erleben können, wie sich Ihr Depot in der Praxis entwickeln kann und wie wichtig Psychologie für Ihren Investmenterfolg ist: Durch die generelle Marktdynamik wird Ihnen Ihr Depot das normale Auf und Ab an der Börse veranschaulichen. Auch werden Sie erkennen, wie Sie in Spekulation abdriften können, wenn Sie ohne mit der Wimper zu zucken virtuelles Geld anlegen können. Zusätzlich sehen Sie, wie schwierig es sein kann, an der Börse überhaupt positive Ergebnisse zu erzielen. Oftmals neigen wir nämlich dazu, uns selbst zu

---

[94] Schroeder (2008): Warren Buffett: Das Leben ist wie ein Schneeball, S. 891.

[95] Schroeder (2008): Warren Buffett: Das Leben ist wie ein Schneeball, S. 891.

[96] https://de.bergfuerst.com/ratgeber/musterdepot, abgerufen am 8.6.2019.

überschätzen. Wir denken, ganz einfach den Markt schlagen zu können. Dies mit einem Musterdepot zu versuchen und nach einem Jahr zu kontrollieren, ob die eigene Performance tatsächlich über der des Marktes liegt, kann Ihnen die Augen öffnen.

Bei aller Euphorie für das Musterdepot dürfen Sie jedoch nicht vergessen, dass es eine ganz andere Sache ist, virtuelles Geld anzulegen, als das eigene hart erarbeitete Geld aufs Spiel zu setzen. Bei negativen Kursentwicklungen nicht in Panik zu geraten, bzw. bei Kurssprüngen nicht zu euphorisch zu werden, gestaltet sich in der Praxis schwieriger als in einem Spiel. Doch wenn Sie sich Ihrer eigenen psychologischen Fallstricke bewusst sind, sind Sie eher in der Lage, diesen entgegenzuwirken und Entscheidungen fundiert, faktenbasiert und ohne viel Emotionen zu treffen.

Fazit

Bei Ihrer Anlagestrategie sollten Sie möglichst langfristig denken, um hohe Transaktionskosten zu vermeiden und von der langfristig positiven Entwicklung Ihrer Unternehmensbeteiligungen zu profitieren.

Jener Anteil Ihres Gesamtvermögens, den Sie an der Börse investieren sollten, hängt von drei Faktoren ab: Ihrer Vermögenssituation, den Zielen Ihres Investments und Ihrem aktuellen persönlichen Lebensabschnitt. Es empfiehlt sich, einen Sicherheitspolster aufzubauen und in einem kontinuierlichen Rhythmus zu kaufen.

Ich rate davon ab, laufend Ihr Depot umzuschichten bzw. - außer im Falle nachhaltiger Änderungen des Unternehmens - ständig Ihre einzelnen Investitionen zu hinterfragen. Auf Marktfluktuation sollten Sie möglichst sachlich reagieren und eine Finanzkrise bestenfalls nützen, um von den günstigen Preisen zu profitieren.

Bei der Auswahl der Depotbank können Sie viel Geld sparen. Achten Sie auf die Gebühren und beschränken Sie sich auf österreichische Banken. Basierend auf den vier Strategien dieses Buches haben nur Flatex und die DADAT Bank den Test positiv bestanden, wobei sich Flatex als der beste Broker herausgestellt hat.

Bei der Wahl des Börsenplatzes sollten Sie die Gebühren des Brokers den Nachteilen des Kaufes an einer lokalen Börse gegenüberstellen.

Dividenden sollten Sie aus Zinseszinsgründen unbedingt reinvestieren.

Steuerlich bietet sich für Sie nur wenig Gestaltungsspielraum: Weder Depotgebühren, Transaktionskosten noch Finanzierungskosten können Sie von Ihren Gewinnen absetzen.

Jedoch können Sie realisierte Verluste aus einer Veräußerung steuerlich geltend machen. Da Verlustvorträge nicht in weitere Jahre vorgetragen werden können, kann es Sinn machen, gegen Jahresende Verluste zu realisieren und Aktien mit Verlust zu verkaufen, selbst wenn Sie diese später wieder zurückkaufen.

Bei der Einholung von Informationen empfehle ich Ihnen, sich auf Jahresberichte, das Internet bzw. einen persönlichen Lokalaugenschein zu konzentrieren.

Nachrichten sind auf solche zu beschränken, die sich langfristig auf die Entwicklung von Unternehmen auswirken.

Bewahren Sie sich und Ihre eigenen Nerven davor, konstant die Börsenkurse Ihrer Investments zu checken. Prüfen Sie die Entwicklung Ihres Depots maximal monatlich.

Die Verwendung von Musterdepots kann für Sie eine gute Möglichkeit sein, den Markt und in diesem Zusammenhang Ihre eigene Psychologie bei Kursveränderungen kennenzulernen bzw. Ihre Fähigkeiten unter den Prüfstand zu stellen.

5. Tipps und Tricks, um unnötige Fehler zu vermeiden

Für den Investmenterfolg entscheidend ist es nicht nur, die richtigen Dinge zu tun. Oft ist es noch wichtiger, bestimmte Dinge nicht zu tun. Die nachfolgenden Kapitel sollen Ihnen, liebe Einsteiger-Investoren, das notwendige Handwerkszeug geben, um unnötige Fehler - die Ihnen viel Geld kosten können - zu vermeiden.

5.1 Niedrige Preise

Von Warren Buffett stammt das berühmte Zitat „Price is what you pay. Value is what you get." Gemeint ist damit, dass der Preis, den Sie für eine Aktie bezahlen, nicht unbedingt dem Wert des Unternehmens entsprechen muss. Einerseits bieten sich damit Kaufgelegenheiten, wenn Unternehmen stark unterbewertet sind. Andererseits können einzelne Unternehmen oder der ganze Markt in einer Blase überteuert seien. Im zweiten Fall können Anleger viel Geld verlieren, indem sie in der Euphorie überteuerte Aktien kaufen, die schließlich in einem Crash stark fallen.

Diese Denkweise erhielt Buffett wiederum von Benjamin Graham, der als der Begründer des Value Investing bezeichnet wird. Graham arbeitete mit dem sogenannten „margin of safety", der Sicherheitsmarge. Vereinfacht bedeutet dies, dass wenn ein Unternehmen Ihrer Meinung nach 10 € je Aktie wert ist, und die Aktie genau 10 € kostet, Sie über einen Sicherheitsspielraum von 0 verfügen. Würde die Aktie 20 € kosten, hätten Sie einen negativen Sicherheitsspielraum, der die Aktie somit hoch risikobehaftet macht. Würden Sie dagegen die Aktie um 5 € kaufen können, würden Sie über einen hohen Sicherheitsspielraum verfügen. Mit so einem Sicherheitsspielraum wäre die Investition deutlich weniger risikobehaftet.

Der Sicherheitsspielraum dient zu Ihrer eigenen Absicherung. Es ist nicht ausgeschlossen, dass Sie sich mit Ihrer Bewertung irren. Je höher der Abstand zwischen Ihrem ermittelten Unternehmenswert und dem Aktienkurs, desto sicherer sollte sich der Börsenkurs langfristig in Ihre Richtung entwickeln.

Lange Rede, kurzer Sinn: Verfallen Sie nicht den Launen des Marktes, werden Sie nicht euphorisch in Zeiten steigender Börsenkurse bzw. lassen Sie sich nicht allzu sehr von fallenden Kursen beeindrucken. Bleiben Sie sachlich und bedenken Sie, dass Sie bei gleichbleibender Qualität günstigere Preise begrüßen sollten, steigende Preise dagegen abschrecken. Überhöhte Preise zu zahlen verhindert Ihren Investmenterfolg bzw. wird Ihn deutlich reduzieren. Qualitativ hochwertige Unternehmen zu einem günstigen Preis zu erwerben wird Ihnen dagegen langfristig positive Investmentergebnisse bescheren.

5.2 (Kein) Einsatz von Fremdkapital

Der Einsatz von Fremdkapital bei der Börseninvestition ist ein mögliches Mittel, um die Rendite (auf das Eigenkapital!) zu erhöhen. Im Idealfall kann man mehr Geld anlegen als man aktuell zur Verfügung hat. Erreicht man nun mit den Aktien eine Rendite, die über den Fremdkapitalzinsen liegt, könnte man meinen, die Anlage sei quasi risikolos. Doch ähnlich wurden schon Immobilienkredite vor der Immobilienkrise 2007 vergeben: Damals argumentierte man, dass die Wertsteigerung der Immobilien garantiert über den

Zinszahlungen liege, und sich der Kredit damit fast von selbst abbezahle. Doch dieses Versprechen hat sich - nachdem diverse Kredite ausgefallen sind, die Nachfrage nach Immobilen fiel und damit auch ihr Wert - als falsch herausgestellt.

Ähnlich ist es mit Aktien: Aktien steigen nicht mit Garantie. Sie können auf 0 fallen, stagnieren oder um ein Vielfaches steigen. Auch Dividendenzahlungen können ausfallen. Entsprechend setzen Sie sich einem hohen Risiko aus, wenn Sie mit Fremdkapital veranlagen.

Als Einsteigerinvestor rate ich Ihnen eindringlich davon ab, mit Fremdkapital zu investieren. Wie zuvor bereits beschrieben können Sie nur langfristig Erfolg an der Börse haben. Doch in Zeiten einer Finanzkrise können Sie gezwungen sein zu verkaufen. Damit fehlt Ihnen die Flexibilität, auf den Aufschwung zu warten und die Verluste auszusitzen. Sie sind damit gezwungen, in der schlechtesten aller Zeiten zu verkaufen: Zu Beginn bzw. mitten in einer Krise bzw. eines Crashs.

Davon abgesehen sollten Sie sich den psychischen Druck, dem Sie sich dadurch aussetzen, vor Augen halten: Bei jedweder Investition an der Börse kann im allerschlimmsten Fall 100 % des investierten Kapitals verloren sein. Sie können es sich somit mit einem Kredit jedenfalls nicht leisten, alles zu verlieren. Wenn Sie solche schwierigen Zeiten durchstehen, dann nur mit größten psychischen Anstrengungen. In solch eine Lage sollten Sie sich als Einsteigerinvestor keinesfalls versetzen. Ihr Kapital soll nämlich langfristig für Sie arbeiten, positive Renditen abwerfen und sich langfristig vermehren, ohne Ihnen Kopfschmerzen zu bereiten.

5.3 Ruhe bewahren

Bereits kurz angesprochen wurde das Thema Kursrückgänge bzw. Finanzkrise. In beiden Fällen neigt man als Einsteigerinvestor zur Panik. Doch ist dies die für Sie denkbar schlechteste Vorgehensweise. Bewahren Sie daher einen kühlen Kopf, geraten Sie nicht in Panik und denken Sie rational darüber nach, was Sie als Nächstes tun sollten.

Versuchen Sie, wie schon zuvor vorgeschlagen, den Kursrückgang des Unternehmensanteils mit einem Preisrückgang eines Gutes zu vergleichen, von dessen Qualität Sie überzeugt sind, dessen Preis jedoch kurzfristig reduziert wurde. In solch einem Fall würden Sie jedenfalls Ihr Gut halten bzw. mehr kaufen wollen. Sicher würden Sie nicht panisch versuchen, das Gut zu verkaufen. Daher treffen Sie eine derart irrationale Entscheidung auch nicht bei der Geldanlage!

5.4 Informiert kaufen

Warren Buffett ist bekannt dafür, dass er bei jedweder Investition überlegt, ob die Anlage innerhalb seines sogenannten „circle of competence", dem eigenen Kompetenzkreis liegt. Damit gemeint ist, dass er nur in Anlageformen investiert, die er selbst versteht. Aus ebendiesem Grund hat er lange darauf verzichtet, in IT-Unternehmen wie Google, Amazon o.ä. zu investieren.

Auch Sie sollten bei Ihren Investments nicht in Anlageformen investieren, die Sie nicht verstehen. Wenn Sie mit dem Investieren beginnen und andere davon Wind bekommen, werden Sie Ihnen vielleicht alternative Investmentmöglichkeiten, z.B. in Bitcoin o.ä. vorschlagen. Wenn Sie davon nichts verstehen, sollten Sie der Versuchung widerstehen, auf einen vermeintlich lukrativen Zug aufzuspringen. Bleiben Sie bei der Veranlagung und den Unternehmen, die Sie verstehen.

Zum Thema, dass andere über Ihre Investmenttätigkeiten Bescheid wissen, ebenfalls einige Ratschläge: Prahlen Sie nicht vor Ihren Verwandten und Freunden, welche tollen Investments Sie kürzlich gemacht haben. Am besten sprechen Sie gar nicht allzu konkret über Ihre einzelnen Investments. Sie legen sich damit selbst sinnlos einen hohen Druck auf: Sollten sich Ihre Investments im Nachhinein als Fehlentscheidung herausstellen, wird es Ihnen deutlich schwerer fallen, den Fehler einzugestehen, wenn Sie zuvor darüber in der Öffentlichkeit geprahlt haben. Geben Sie nie Geheimtipps bzw. Empfehlungen, welche Aktien sicher steigen werden, ab. Wenn Sie Ihre Investments schon preisgeben möchten, stellen Sie sie nicht als sichere „Wetten" hin.

5.5 Mikro statt Makro

Ich habe schon angedeutet, warum Sie bei Ihren Investmententscheidungen nicht auf Makro Faktoren setzen sollten. Auch Waren Buffett und Charlie Munger, Vice Chairman von Berkshire Hathaway, geben an, bei Börsenentscheidung niemals Makro Faktoren zu berücksichtigen[97]. Während Buffett Makro Faktoren nicht berücksichtigt, weil es seiner Meinung nach keinen Unterschied macht, führt Munger aus, dass Mikro Faktoren zu wenig Berücksichtigung finden, obwohl Makro Investoren aufgrund der hohen Komplexität oftmals falsch liegen[98]. Dieser Meinung schließe ich mich an.

5.6 Trends nicht prophezeien

Auf dem vorhergehenden Kapital aufbauend, soll dieser Abschnitt Sie davor abhalten zu versuchen Makro-Trends vorherzusehen. Wenige Argumente sind dabei überzeugender als vergangene Beispiele aus der Praxis, die zeigen, dass selbst die „Experten" falsch liegen: So hat Bill Gates - Mitgründer von Microsoft - zum Beispiel einmal gesagt, das Internet sei nur ein Hype[99]. Diese Aussage stammt vom Gründer des Unternehmens, das den für lange Zeit meistgenutzten Internetbrowser der Welt entwickelte.

Doch damit nicht genug: Eine Studie sagte voraus, dass es 1977 einen perfekten Übersetzungscomputer mit korrekter Grammatik geben werde[100]. Daraus hätte man zum Beispiel ableiten können, dass bestimmte Berufe bzw. Tätigkeiten (wie z.B. Texte übersetzen) schon bald durch Computer ausgeübt werden könnten. Doch versuchen Sie nur diesen Absatz in den Google Übersetzer einzugeben und Sie werden sehen, wie falsch diese Studie lag.

1972 wiederum wurde geschätzt, dass die Goldvorkommen 1979, die Silbervorkommen 1983 aus sein würden[101]. Hätten Sie sich aufgrund dieser Information mit Gold eingedeckt, wären Sie spätestens 1980 enttäuscht gewesen.

---

[97] http://theinvestmentsblog.blogspot.com/2014/10/buffett-we-ignore-macro-factors.html, abgerufen am 8.6.2019.

[98] http://theinvestmentsblog.blogspot.com/2014/10/buffett-we-ignore-macro-factors.html, abgerufen am 8.6.2019.

[99] https://www.spiegel.de/lebenundlernen/uni/die-schlimmsten-fehlprognosen-von-wissenschaftlern-und-managern-a-868979-8.html, abgerufen am 8.6.2019.

[100] https://www.spiegel.de/lebenundlernen/uni/die-schlimmsten-fehlprognosen-von-wissenschaftlern-und-managern-a-868979-8.html, abgerufen am 8.6.2019.

[101] https://www.spiegel.de/lebenundlernen/uni/die-schlimmsten-fehlprognosen-von-wissenschaftlern-und-managern-a-868979-8.html, abgerufen am 8.6.2019.

Ein letztes interessantes Beispiel, wie falsch man mit Prognosen liegen kann: William Rootes - damals Inhaber einer der größten britischen Automobilhersteller - wurde 1945 die kostenlose (!) Übernahme der VW-Werke angeboten[102]. Rootes meinte damals, dass sich der VW-Käfer als Verlustgeschäft herausstellen würde und lehnte ab. Doch was passierte wirklich? 1967 wurde Rootes' Unternehmen aufgrund wirtschaftlicher Probleme übernommen. Bis 2002 war der VW-Käfer das meistverkaufte Auto der Welt.[103]

All diese Beispiele machen deutlich, dass es sich nicht lohnt, zu versuchen die Zukunft vorherzusehen. Fokussieren Sie sich auf die Fakten, die Ihnen vorliegen. Wenn Sie schon Prognosen machen möchten, dann beschränken Sie diese auf die Mikro Ebene (die von Unternehmen). Je größer Sie denken und je mehr Sie die Geschehnisse der ganzen Welt vorhersehen möchten, desto komplexer wird es. Sehen Sie tunlichst davon ab, die eigenen Investmententscheidungen auf solche unsicheren und damit riskanten Prognosen zu stützen.

5.7 Verzicht auf Market Timing

Market Timing beschreibt den Versuch, generelle Bewegungen an den Finanzmärkten vorherzusehen und darauf zu reagieren: Vor Kurseinbrüchen verkaufen bzw. vor starken Abschwüngen kaufen[104]. Nach dem vorhergehenden Kapitel können Sie sich vorstellen, wie praktikabel auch diese Prognosen sind.

Untersuchungen haben gezeigt, dass man durch Market Timing eher dazu neigt, positive Investitionen auszulassen: Konkret hätten 100.000 Dollar, die 1996 bis 2016 in einen Fonds gesteckt worden wären, 440.000 Dollar Ertrag gebracht, während der Wert - hätte man die zehn besten Handelstage in dieser Zeit verpasst - nur auf 219.000 Dollar gewachsen wäre[105].

---

[102] https://www.spiegel.de/lebenundlernen/uni/die-schlimmsten-fehlprognosen-von-wissenschaftlern-und-managern-a-868979-8.html, abgerufen am 8.6.2019.

[103] https://www.spiegel.de/lebenundlernen/uni/die-schlimmsten-fehlprognosen-von-wissenschaftlern-und-managern-a-868979-8.html, abgerufen am 8.6.2019.

[104] https://www.am.pictet/de/austria/global-articles/2018/educational/demystifying-market-timing, abgerufen am 8.6.2019.

[105] https://www.am.pictet/de/austria/global-articles/2018/educational/demystifying-market-timing, abgerufen am 8.6.2019.

Auch die Investorenlegende Peter Lynch hat einmal gesagt, dass die Verluste der Investoren, die versucht haben negative Kursrückgänge vorherzusehen bzw. darauf zu reagieren, meistens deutlich höher waren als die tatsächlichen Kurskorrekturen[106]. Daraus wird klar, dass es sich auch hier für Sie nicht lohnt, zu versuchen den Markt zu schlagen, indem Sie kurzfristige Kurseinbrüche vermeiden bzw. vor erwarteten kurzfristigen Steigerungen schnell investieren. Bleiben Sie dagegen bei Ihrer Linie, sparen Sie sich Ihre Nerven und Transaktionskosten und warten Sie auf den langfristigen Erfolg Ihrer sorgfältig ausgewählten Investitionen.

5.8 Investment Gurus hinterfragen

Zwei der in diesem Buch genannte Strategien bauen auf den Investitionen eines Investmentgurus, nämlich von Warren Buffett auf. Warren Buffett - der mit quasi Null begann und mehrere Finanzkrisen erfolgreich durchstand - hat aufgrund seines langfristigen Anlageerfolgs gezeigt, dass er ein Investmentguru ist, auf dessen langfristigen Anlagefähigkeiten man vertrauen darf.

Neben Warren Buffett gibt es viele weitere sogenannte Investmentgurus. Auf deren Tipps blind zu vertrauen kann sich jedoch vielfach als Fehler herausstellen. Dies liegt daran, dass einige der anderen sogenannten Gurus zwar über ein gutes Auftreten verfügen mögen und der Allgemeinheit finanzielle Zusammenhänge gut erklären können. Dies ist jedoch noch kein Beweis dafür, dass diese Person in der Lage ist, langfristig erfolgreich an der Börse zu investieren.

Zwei Beispiele aus Deutschland möchte ich Ihnen hier aufzeigen, Max Otte und Dirk Müller:

Max Otte, Professor und Autor, prognostizierte 2006 in seinem Buch „Der Crash kommt" die Immobilienblase bzw. die darauf folgende Finanzkrise. Schließlich sammelte Otte bei Privatanlegern 300 Millionen für zwei eigens kreierte Aktienfonds ein[107]. In einem

---

[106] https://www.am.pictet/de/austria/global-articles/2018/educational/demystifying-market-timing, abgerufen am 8.6.2019.

[107] https://www.spiegel.de/wirtschaft/service/max-otte-und-dirk-mueller-wenn-der-boersenguru-geld-verliert-a-1118210.html, abgerufen am 8.6.2019.

Zeitraum, in dem der DAX um 20 % bzw. der MSCI World Indexfond um 37 % stieg, verlor der „Max Otte Vermögensbildungsfonds" 6 %[108].

Dirk Müller saß jahrelang vor der Dax-Tafel an der Frankfurter Börse. Aufgrund dieser Tatsache wurde er zum Finanzgeschehen interviewt und damit der neue „Mr. Dax"[109]. Müller hat seitdem diverse Bücher herausgebracht und 2015 einen eigenen Fond aufgelegt, der bis Oktober 2016 12 % Verlust machte[110].

Dies macht deutlich, dass nicht alle Investmentgurus automatisch entsprechend positive langfristige Ergebnisse aufweisen können. Wenn Sie einem Investmentguru folgen, dann sollte dieser über Jahrzehnte positive Erfolge aufweisen und idealerweise zumindest eine Finanzkrise durchgestanden haben.

Selbstverständlich ist niemand an der Börse vor Verlusten sicher. Doch wenn Sie blind einem Guru vertrauen und sich später herausstellt, dass Sie einem Blender aufgesessen sind, wird es Ihnen schwer fallen, rational zu bleiben und abzuwägen, ob es sich lohnt bei einem Fond eines Gurus zu bleiben oder nicht. Denn auch die Fonds von Max Otte bzw. Dirk Müller könnten langfristig positiv performen. Wichtig ist nur, dass Sie hinter diesen Investments stehen und wissen, warum genau Sie diesen Anlegern vertrauen. Nur so können Sie langfristig erfolgreich an der Börse investieren und eine Krise ohne Verluste hinter sich lassen.

5.9 Achtung vor „Hot Stocks"/Geheimtipps

Unter der Bezeichnung Hot Stocks sind „heiße" Aktien gemeint, die sich aus jemandes Sicht in kurzer Zeit vervielfachen werden. Sie scheinen daher ein exorbitant hohes Wachstum zu versprechen. Vielfach sind solche „hot stocks" jedoch hochriskant. Unternehmen dieser Kategorie weisen oftmals keine Gewinne bzw. Verluste aus. Hohe erwartete Kursgewinne werden damit begründet, dass die Umsätze exorbitant steigen und

---

[108] https://www.spiegel.de/wirtschaft/service/max-otte-und-dirk-mueller-wenn-der-boersenguru-geld-verliert-a-1118210.html, abgerufen am 8.6.2019.

[109] https://www.spiegel.de/wirtschaft/service/max-otte-und-dirk-mueller-wenn-der-boersenguru-geld-verliert-a-1118210.html, abgerufen am 8.6.2019.

[110] https://www.spiegel.de/wirtschaft/service/max-otte-und-dirk-mueller-wenn-der-boersenguru-geld-verliert-a-1118210.html, abgerufen am 8.6.2019.

sich das Unternehmen als das nächste Google bzw. das nächste Amazon herausstellen wird.

In der Praxis ist es jedoch sehr gefährlich, ohne Spezialwissen über das Unternehmen (das Privatanleger kaum haben können) in solche „hot stocks" zu investieren. Als bestes Praxisbeispiel dient die „Dotcom Blase" um die 2000er Jahre: Damals wurden Unternehmen der sogenannten „New Economy", Unternehmen die in verschiedensten Formen auf das Internet setzten, hinter denen oftmals jedoch weder die Bewertung rechtfertigende Umsätze, Unternehmenswerte oder gar Gewinne standen, an die Börse gebracht und von Anlegern jubelnd gekauft. Anleger, die damals nicht in den „Neuen Markt" investierten, wurden belächelt[111] und als ewig gestrig hingestellt.

Der Index, der in Deutschland diesen Neuen Markt repräsentierte, der NEMAX 50 erreichte Rekorde von 10.000 Punkten, stürzte jedoch - als die Spekulationsblase platzte - ab[112].

Nachdem sich viele Privatinvestoren die Finger verbrannt hatten, kehrten sie der Börse den Rücken. Die Technologieblase ist jedoch nicht repräsentativ für Investitionen, sondern für Spekulation: Anleger glaubten daran, über Nacht durch die Investition in Unternehmen, die weder Gewinne noch repräsentative Umsätze aufwiesen, reich zu werden. Damit begaben sich die Privatinvestoren jedoch auf den Pfad der Spekulation und verloren - wenig überraschend - alles.

Wenn Sie sich, liebe Einsteigerinvestoren, auf solche Spekulationen nicht einlassen, sondern langfristig in qualitativ hochwertige Unternehmen investieren, müssen Sie sich unter normalen Umständen nicht vor dem Totalverlust Ihrer Investments fürchten, sondern können auf die langfristig positive Entwicklung vertrauen.

Geheimtipps sollten Sie weder geben noch blind entgegennehmen. Wenn Ihnen jemand von einem guten Investment, einer guten Aktie bzw. von einem guten Fond erzählt, können Sie diese Idee grundsätzlich aufnehmen. Wichtig ist jedoch, diese Veranlagung

---

[111] https://www.focus.de/finanzen/boerse/aktien/10-jahre-internet-blase-als-der-neue-markt-zur-puren-geldvernichtung-wurde_aid_827288.html, abgerufen am 8.6.2019.

[112] https://www.focus.de/finanzen/boerse/aktien/10-jahre-internet-blase-als-der-neue-markt-zur-puren-geldvernichtung-wurde_aid_827288.html, abgerufen am 8.6.2019.

genau unter die Lupe zu nehmen. Machen Sie sich ein eigenes Bild, wie dies die Strategie für den Kauf von Einzeltiteln vorsieht. Geben Sie nicht der Versuchung nach, blind in vermeintliche Geheimtipps zu investieren. Bleiben Sie bei Ihren Prinzipien und treffen Sie Ihre Anlageentscheidungen letztendlich selbst.

5.10 IPO-Investments vermeiden

In IPOs (Initial Public Offering = Börsengang) zu investieren ist so risikoreich wie ein Investment in sogenannte „hot stocks". Dies liegt daran, dass Sie bei IPOs über zu wenig Informationen über die historische Entwicklung des Unternehmens verfügen.

Jedes Unternehmen wird daran interessiert sein, zu seinen besten Zeiten an die Börse zu gehen, da klarerweise die Eigentümer desselben den höchsten Ertrag für ihre Anteile erhalten möchten. Unternehmen veröffentlichen bei ihrem Börsengang jedoch oftmals nur die Ergebnisse des abgelaufenen Geschäftsjahres, was keiner ausreichenden Informationsbasis entspricht. Daher wäre es für Sie, liebe Einsteigerinvestoren zu risikoreich, in IPOs zu investieren.

Oftmals werden Ihnen Verwandte oder Freunde einzureden versuchen, in ein IPO zu investieren, da es sicherlich das nächste Mastercard/Google/Facebook werden wird. Oft wird man Ihnen vorrechnen, über wie viel Geld Sie heute verfügen würden, wenn Sie damals 1.000 Dollar in eines dieser Unternehmen investiert hätten. Dies ist auch tatsächlich der Fall. Doch diese höchst erfolgreichen IPOs sind nur die eine Seite der Medaille: Alle IPOs, die für die Anleger weniger erfolgreich verlaufen, werden hier gerne ausgeblendet. Tatsächlich zeigen Studien, dass die Aktien von Unternehmen, die frisch an die Börse gegangen sind, sich für fünf Jahre schlechter als der Markt entwickeln[113]. Dies wird - wie zuvor angedeutet - darauf zurückgeführt, dass Unternehmen zu der für sie besten Zeit an die Börse gehen[114].

Auch Warren Buffett - der seit 1955 in kein IPO mehr investiert hat - hat erst unlängst wieder seine Meinung bestätigt, dass der Durchschnittsinvestor gut beraten ist, in Zeiten

---

[113] https://www.fool.com/investing/2017/07/01/best-ipos-of-all-time.aspx, abgerufen am 8.6.2019.

[114] https://www.fool.com/investing/2017/07/01/best-ipos-of-all-time.aspx, abgerufen am 8.6.2019.

von Börsenhochs in keine Börsengänge zu investieren, denn auch in seinen Augen ist es besser, einmal eine Chance zu verpassen als alles zu verlieren[115]. Daher möchte ich Ihnen, liebe Einsteiger Investoren ans Herz legen, nicht in IPOs zu investieren.

5.11 Emerging Markets

Emerging Markets (= Schwellenländer) bezeichnen aufstrebende entwickelte Nationen (z.B. China, Indien, Brasilien, Russland, Südafrika), die am Weg sind sich zu einem Industriestaat zu entwickeln. Als Vorteil einer Investition in Emerging Markets wird meist das hohe Wachstumspotential genannt, das im Vergleich zu den Industriestaaten deutlich höher ist: Steigende Lebensqualität und hohes Wirtschaftswachstum führen zu einer immer größer werdenden Mittelschicht, die wiederum die Nachfrage nach Konsumgütern - in einem deutlich weniger gesättigten Markt - beflügelt, wodurch sich das Wachstum immer weiter verstärkt.

Nicht außer Acht sollten Sie jedoch die erhöhten Risiken lassen, die sich aus einer Investition in Emerging Markets ergeben können: Einerseits sind die staatlichen Institutionen in Schwellenländern wie China oder Russland noch nicht so etabliert wie jene in Europa oder den USA. Wie Sie z.B. in Krisenzeiten Ihre Aktionärsrechte geltend machen können, ist aufgrund der mangelnden Historie ungewiss. Andererseits kommt es gerade bei Schwellenländern schneller zu einer Währungskrise (Hyperinflation o.ä.), die all Ihre Investments zunichte machen können. Neben der Politik ist auch die Wirtschaft dieser Länder weniger etabliert.

Zu guter Letzt sollten Sie bei Investitionen immer gut über Ihre Anlage Bescheid wissen und diese verstehen. Bei Schwellenländern kann es oftmals schwieriger sein, die betroffenen Unternehmen einzuschätzen, zumal sie in der Regel weniger bekannt sind und in Europa oder den USA vielleicht noch keine Tochtergesellschaft etabliert haben. Um dieses erhöhte Risiko zu rechtfertigen, bedarf es entsprechend deutlich erhöhter Renditemöglichkeiten.

Ein langfristiger Vergleich der Entwicklung der Renditen an den Börsenmärkten der entwickelten Ländern und den Emerging Markets zeigt jedoch, das sich die entwickelten

---

[115] https://www.cnbc.com/2019/03/28/warren-buffett-says-regular-investors-shouldnt-buy-hot-ipos.html, abgerufen am 8.6.2019.

Länder zwischen 1900 und 2018 mit 8,2 % jährlicher Rendite besser entwickelt haben als Emerging Markets mit Renditen in Höhe von 7,2 %[116]. Etwas anders sieht die Entwicklung seit 1950 aus: Bis 2018 betrug die jährliche Rendite der Börsenmärkte in den Emerging Markets 11,7 % pro Jahr, verglichen mit 10,5 % jährlicher Rendite in den entwickelten Ländern[117].

Dennoch spricht diese höhere Rendite aufgrund des deutlich höheren Risikos nicht unbedingt für eine Investition in Emerging Markets. Wenn Ihnen daher jemand eine vermeintlich höchst ertragreiche Möglichkeit in einem noch unentdeckten Land anbietet, hinterfragen Sie die Risiken dieses Landes, der Währung bzw. des Investments und ob Sie über ausreichend Informationen über das betreffende Unternehmen verfügen, um es akkurat einschätzen zu können. Auch hier gilt, dass es besser ist einmal eine Gelegenheit auszulassen, als alles zu verlieren.

5.12 Kein Einsatz von Charttechniken

Eine weitere Investitionsform, von der ich Ihnen abraten möchte, ist die Investition mittels Charttechniken. Als Charttechnik bezeichnet man das Studium eines Aktiencharts (die grafisch abgebildete Kurshistorie) mit dem Versuch, Kauf- bzw. Verkaufssignale aus grafischen Formationen abzuleiten.

Selbstverständlich spricht nichts dagegen, sich die vergangene Kurshistorie anzusehen. Doch dabei kann es nicht Sinn der Sache sein, rein aus der grafischen Darstellung Prognosen abzuleiten. Vielmehr kann man hinterfragen, ob Kursentwicklungen auf fundamentalen Faktoren (z.B. Umsatzrückgang, Gewinnrückgang, etc.) beruhen.

Als Einsteigerinvestor sollten Sie sich davor hüten, in einen Chart allzu viel hineinzuinterpretieren und aufgrund dessen zu investieren. Charttechnik ist nämlich nicht nur höchst umstritten, sondern aufgrund der entsprechend vielen „Formationen", die Kauf- bzw. Verkaufssignale auslösen können, höchst kurzfristig und damit mit hohen Transaktionskosten verbunden.

---

[116] https://www.london.edu/lbsr/emerging-markets, abgerufen am 8.6.2019.

[117] https://www.london.edu/lbsr/emerging-markets, abgerufen am 8.6.2019.

5.13 Verzicht auf Day Trading

Ausgehend von kurzfristigem Handel möchte ich Ihnen noch mehr von Day Trading abraten: Day Trading beschreibt den minütlichen bzw. stündlichen Kauf und Verkauf von Aktien. Die Strategie besteht darin, kurzfristige Gewinne zu erzielen, indem Aktien gekauft und kurz darauf später wieder verkauft werden. Oftmals beruht diese Anlageform auf Charttechniken bzw. Hebelwirkung (dazu später mehr).

Dazu kurz und knapp: Verschiedene Studien belegen die negative Performance von Day Trading. Laut einer aktuellen Studie weisen 74 % der Day Trader eine Historie von Verlusten auf, während 97 % der Day Trader zukünftig Verluste erzielen werden[118]. Eine frühere Studie kam zum Ergebnis, dass 8 von 10 Day Tradern allein über einen Zeitraum von 6 Monaten insgesamt Geld verlieren[119]. Weitere Studien belegen, dass nur wenige es schaffen, mit Day Trading langfristig Geld zu verdienen und auch die besten Day Trader eine wenig beeindruckende Rendite in Höhe von lediglich 5 % pro Jahr erzielen[120].

Wenn schon die besten lediglich eine Rendite in Höhe von 5 % erzielen und der Großteil an Day Tradern Verluste schreibt, bedarf es wohl keiner weiteren Erklärung, weshalb Sie darum einen weiten Bogen machen sollten.

5.14 Verzicht auf Hebelwirkung

Im letzten Kapitel wurde die Hebelwirkung kurz angesprochen. Hebel bedeutet vereinfacht ausgedrückt, dass Sie z.B. mit einem Einsatz von 1.000 € ein Investment in Höhe von 10.000 € machen können (10-facher Hebel).

Angenommen Sie investieren 1.000 € in Aktien ohne Hebel (Position A) und 1.000 € mit einem 10-fachen Hebel in dieselben Aktien (Position B). Steigen die Aktien nun um 10 % und verkaufen Sie sie anschließend, machen Sie in Position A einen Gewinn in Höhe von

---

[118] Barber, Lee, Liu, Odean, Zhang (2019): Learning Fast or Slow?

[119] Barber, Lee, Liu, Odean (2004): Do Individual Day Traders Make Money? Evidence from Taiwan.

[120] https://www.handelsblatt.com/finanzen/anlagestrategie/zertifikate/nachrichten/studie-was-daytrader-wissen-sollten/6590972.html?ticket=ST-1011978-6MmVXSavQnX4F7Cq4tfc-ap4, abgerufen am 8.6.2019.

100 €, mit Position B dagegen einen Gewinn in Höhe von 1.000 €. Das klingt doch toll, oder? Ist es in diesem Fall auch, doch geht es einmal in die andere Richtung, können Sie in große Schwierigkeiten geraten: Angenommen es erwischt Sie die nächste Finanzkrise, die Aktien fallen in einem Tag um 50 %. Mit Position A würden Sie 500 € Verlust machen, doch Sie können bei Ihren Aktien bleiben, da Sie von deren langfristiger Qualität überzeugt sind. Nach einem Jahr ist die Finanzkrise vorbei und Sie befinden sich wieder in den schwarzen Zahlen. Doch wie sieht es mit Position B aus? Hier stehen Sie mit 5.000 € im Minus. Die Bank verlangt von Ihnen, dass Sie 4.000 € nachschießen (4.000 € +1.000 € Anfangsinvestition = aktuelle Minusposition in Höhe von 5.000 €), andernfalls schließt sie die Position mit dem Verlust in Höhe von 5.000 € und wird die 4.000 € sofort geltend machen, notfalls gerichtlich. Wenn Sie also nicht in der Lage sind, die 4.000 € nachzuschießen, schließt die Bank Ihre Position. Damit sind Sie eventuell nicht in der Lage, einen etwaigen Kursverlust auszusitzen und müssen im erdenklich schlechtesten Moment verkaufen.

Dieses Beispiel verdeutlicht, dass eine Investition mittels Hebelprodukten Sie erheblichen Risiken aussetzt. Damit sind derartige Produkte für Sie als Einsteigerinvestoren völlig ungeeignet. Bleiben Sie dabei, langfristig von der positiven Entwicklung Ihres Depots zu profitieren. Wer Abkürzungen nimmt, muss wissen wo diese hinführen. Bei einer Spekulation mit einem Hebel können Sie entweder über Nacht reich werden oder zahlungsunfähig sein.

5.15 Verzicht auf Stop-Loss-Order

Leider wird von Börsenratgebern bzw. auf bestimmten Portalen Anlegern die Verwendung von Stop-Loss-Order als Instrument zur Risikobegrenzung empfohlen. Eine Stop-Loss-Order kann in einem Depot voreingestellt werden und bedeutet, dass Aktien die unter einen bestimmten Kurs fallen, automatisch verkauft werden. In der Theorie können Sie Ihre Verluste begrenzen, indem Sie festlegen, dass die Papiere automatisch verkauft werden und damit die Verluste eine bestimmte Schwelle nicht überschreiten.

Diese Denkweise ist jedoch zu kurzfristig. Fällt nämlich der Wert der Aktie kurzfristig unter einen bestimmten Wert und wird automatisch verkauft, realisieren Sie einen Verlust. Erholen sich die Aktien danach wieder, können Sie davon jedoch nicht profitieren, denn Ihre Position ist bereits verkauft. Sind Sie davon überzeugt, dass sich langfristig Ihre

Wertpapiere positiv entwickeln werden, macht es daher nur wenig Sinn, eine automatische Verkaufsorder festzusetzen.

Noch katastrophaler können übrigens die Folgen einer Stop-Loss-Order im Fall eines Börsencrashs ausfallen: In einem Börsencrash fallen die Kurse oftmals rapide, gefolgt von vielen Panikverkäufen. Stößt Ihre Stop-Loss-Order nun den Verkauf an, wird Ihre Aktie automatisch verkauft. Da sich inmitten von Panikverkäufen nur wenige Käufer finden werden, wird das System eventuell noch weit unter dem Kurs, den Sie festgesetzt haben, verkaufen. Damit verkaufen Sie womöglich all Ihre Positionen zu katastrophalen Kursen automatisch. Wenn sich der Börsenmarkt nach einem halben Jahr bzw. nach einem Jahr wieder etwas erholt hat, sind Ihre Positionen bereits verkauft. Aufgrund Ihrer herben Verluste haben Sie wahrscheinlich gänzlich der Börse den Rücken zugekehrt, obwohl Sie mit Geduld Ihre Verluste (jedenfalls zum Teil) wieder aufgeholt hätten.

Diese Beispiele machen klar, weshalb Stop-Loss-Order in der Theorie sinnvoll klingen, in der Praxis jedoch versagen. Übrigens haben sich auch die Investorenlegenden Warren Buffett und Peter Lynch gegen Stop-Loss-Order ausgesprochen.

5.16 Falle Aktiensplits/niedrige Kurse/Kapitalerhöhungen

Unter Aktiensplits versteht man die Teilung der Aktien in kleinere Einheiten. Bei einem Split von 1:2 verwandelt sich die Anzahl der ausstehenden Aktien (1.000 Einheiten zu je 10 €) in 2.000 Einheiten zu je 5 €. In beiden Fällen beträgt die Marktkapitalisierung 10.000 €. Es macht für Sie keinen Unterschied, ob Sie über 10 Aktien zu einem Preis iHv je 10 € oder 20 Aktien zu je 5 € verfügen, da sie in beiden Fällen über denselben Anteil am Gesamtkapital (nämlich 1 %) verfügen. So weit, so logisch in der Theorie.

In der Praxis jedoch zeigt sich in wissenschaftlichen Untersuchungen, dass die Aktien amerikanischer, asiatischer bzw. europäischer Unternehmen nach der Ankündigung von Aktiensplits Überrenditen erzielen[121]. Verschiedenste Gründe werden dafür verantwortlich gemacht, unter anderem dass Anleger die Aktien nach einem Aktiensplit für günstiger halten könnten (was wie zuvor angedeutet schlicht falsch ist), eine wahrgenommene optimistische Signalwirkung, eine sich selbst erfüllende Prophezeiung (Investoren wissen

---

[121] https://www.manager-magazin.de/immobilien/artikel/a-966125-2.html, abgerufen am 8.6.2019.

Bescheid, dass Aktienkurse nach Splits oftmals anziehen und investieren entsprechend gerade in solche Aktien) bzw. höhere Liquidität aufgrund der höheren Anzahl an Wertpapieren[122].

Wie dem auch sei, ein Aktiensplit bietet keinen Grund, in die entsprechende Aktie zu investieren, es sei denn, sie wird dadurch für Sie erschwinglich. Davon abgesehen gibt es keinen Grund, warum Sie in eine Aktie nach einem Aktiensplit investieren sollten, wenn Sie es davor nicht getan hätten. Ein Aktiensplit ist maximal eine optische Kurspflege, die Papiere mögen dadurch günstiger wirken. Tatsächlich haben Sie davon jedoch gar nichts.

In diesem Zusammenhang sei auch noch kurz erwähnt, dass bestimmte Investoren teilweise unverständilcherweise davon ausgehen, dass es besser sei, eine hohe Anzahl an Aktien zu erwerben. Stehen sie z.B. vor der Wahl zwischen 2 Aktien (von denen eine 10 € je Aktie kostet, und die andere 100 € je Aktie) und haben 1.000 € zur Verfügung, neigen sie dazu, in die günstigere Aktie zu investieren, da sie dadurch mehr Stück erhalten und das Gefühl haben, einen höheren Anteil des Unternehmens zu erwerben. Dies ist jedoch Unsinn: Ihr Anteil am Unternehmen bestimmt sich am Verhältnis zwischen den von Ihnen erworbenen Aktien und den insgesamt ausstehenden Aktien, ein niedriger Kurs hat per se keinerlei Bedeutung.

Hüten sollten Sie sich ebenso vor (Kursrückgängen und Allzeittiefs in Zusammenhang mit) Kapitalerhöhungen. Kapitalerhöhungen bedeuten, dass sich die Anzahl der ausgegebenen Aktien tatsächlich erhöht, wobei Sie anders als beim Aktiensplit keine Aktien erhalten (sofern Sie nicht selbst mehr investieren). Damit verringert sich Ihr Anteil am Unternehmensgewinn. Eine Kapitalerhöhung finden Sie mitunter bei strauchelnden Unternehmen, die dringenden Kapitalbedarf haben.

Oftmals verringert sich durch die negative Unternehmensentwicklung der Aktienkurs des Unternehmens. Befürchtungen vor weiteren Kapitalerhöhungen wirken sich oftmals auch negativ auf die Börsenkurse aus, da diese die Anteile der Aktionäre verwässern. Dadurch kann es vorkommen, dass ein Börsenkurs günstiger wirkt als er ist.

Durch die Ausgabe zusätzlicher Aktien sinkt der Gewinn je Aktie, woraus niedrigere Börsenkurse resultieren können. Trotz niedrigerer Börsenkurse kann sich aufgrund der

---

[122] https://www.manager-magazin.de/immobilien/artikel/a-966125-2.html, abgerufen am 8.6.2019.

gestiegenen Aktienanzahl die Marktkapitalisierung erhöhen, woraus insgesamt keine günstigere Bewertung resultiert. Medienberichte stellen dies jedoch gerne falsch dar und sprechen einseitig von Einstiegsgelegenheiten aufgrund von Allzeittiefs, trotz erhöhter umlaufender Aktien.

Bestes Beispiel war hierfür unlängst die Aktie der Deutschen Bank: Das Unternehmen befindet sich aktuell in einer langfristigen, schweren Krise. Im April 2017 wurde im Rahmen einer Kapitalerhöhung die Anzahl der ausstehenden Aktien von 1,4 Milliarden auf 2,1 Milliarden erhöht[123]. Im Dezember 2018 betitelte „Der Aktionär" jedoch die Aktien der Deutschen Bank mit „Deutsche Bank auf Rekordtief - Jetzt günstig einsteigen?" und erwähnte in keinem Wort die Kapitalerhöhung des vergangenen Jahres[124].

Wichtig für Sie ist, dass Sie bei stark gefallenen Aktienkursen auch stets die Anzahl der ausstehenden Aktien bzw. die tatsächliche Marktkapitalisierung sowie die Entwicklung der Verschuldung im Auge behalten, um nicht auf vermeintliche Schnäppchen hereinzufallen.

5.17 Bewertung von Aktienrückkäufen

Neben Aktiensplits wird auch Aktienrückkäufen nachgesagt, dass sie zu Kurssteigerungen führen. Tatsächlich legen Studien einen kurz- bis mittelfristigen Zusammenhang zwischen Aktienrückkäufen und Aktienperformance dar[125]. Die Gründe hierfür liegen einerseits in der erhöhten Nachfrage nach den unternehmenseigenen Aktien, und andererseits in dem durch den Aktienrückkauf bewirkten steigenden Gewinn je Aktie[126].

Grundsätzlich machen Aktienrückkäufe dann Sinn, wenn das Unternehmen nicht in der Lage ist, durch die Investition in das eigene Geschäft höhere Renditen zu erzielen. Dies bedeutet, dass Unternehmen, die diese Praxis verfolgen, grundsätzlich von der Wertschöpfung ihrer Investitionen selbst nicht zu 100 % überzeugt sein können.

---

[123] https://www.db.com/ir/de/kapitalerhoehung-2017.htm, abgerufen am 8.6.2019.

[124] http://www.deraktionaer.de/aktie/deutsche-bank-auf-rekordtief---jetzt-guenstig-einsteigen--420800.htm, abgerufen am 8.6.2019.

[125] https://boerse.ard.de/boersenwissen/boersenwissen-fuer-fortgeschrittene/aktienrueckkaeufe-was-anleger-wissen-sollten100.html, abgerufen am 8.6.2019.

[126] https://boerse.ard.de/boersenwissen/boersenwissen-fuer-fortgeschrittene/aktienrueckkaeufe-was-anleger-wissen-sollten100.html, abgerufen am 8.6.2019.

Ein weiterer Grund für einen Aktienrückkauf kann sein, dass die Aktien des Unternehmens aus Sicht der Manager so unterbewertet sind, dass sich der Kauf der eigenen Aktien lohnt. In diesem Zusammenhang sei erwähnt, dass Aktienrückkäufe, die fremdkapitalfinanziert sind und/oder zu Zeiten von Allzeithochs bzw. hoher KGVs erfolgen, stark zu hinterfragen sind.

In der Vergangenheit fanden Aktienrückkäufe jedoch oftmals genau in diesen Zeiten statt. 2008 wurden zum Beispiel in Deutschland mit einem Volumen von 16,8 Milliarden Euro Aktien zurückgekauft, was einem Allzeithoch entsprach[127]. Im Anschluss platzte die Immobilienblase und die Börsenkurse brachen zusammen. Auch 2018 kauften deutsche Unternehmen wieder so viele Aktien wie seit Jahren nicht zurück[128]. Mit einer Bewertung von aktuell 12.155,81 Punkten ist der DAX heute absolut hoch bewertet[129]. Dies lässt Zweifel aufkommen, ob Unternehmen tatsächlich in Zeiten günstiger Bewertungen Aktienrückkäufe tätigen.

Vielmehr scheint es, als würden Unternehmen Aktienrückkäufe nützen, um die Börsenkurse weiter zu beflügeln. Entsprechend kritisch sollten Sie bei Aktienrückkäufen stets prüfen, zu welchen Kursen bzw. in welchen Zeiten ein Unternehmen seine eigene Aktien zurückkauft und weshalb das Unternehmen nicht in die Weiterentwicklung seines operativen Geschäftes investiert.

Fazit

Verfallen Sie nicht den Launen des Marktes. Werden Sie nicht zu euphorisch, wenn die Börsenkurse steigen, werden Sie jedoch auch nicht zu unsicher, wenn sie fallen. Versuchen Sie insgesamt bei Kursveränderungen möglichst rational zu bleiben.

Vermeiden Sie unter allen Umständen den Einsatz von Fremdkapital bei Börseninvestments. Dessen Einsatz kann Sie dazu zwingen, im ungünstigsten Zeitpunkt verkaufen zu müssen und Ihnen generell viel Unsicherheit bescheren.

---

[127] https://www.faz.net/aktuell/finanzen/finanzmarkt/so-viele-aktienrueckkaeufe-wie-seit-zehn-jahren-nicht-15734270.html, abgerufen am 8.6.2019.

[128] https://www.faz.net/aktuell/finanzen/finanzmarkt/so-viele-aktienrueckkaeufe-wie-seit-zehn-jahren-nicht-15734270.html, abgerufen am 8.6.2019.

[129] https://www.finanzen.at/index/dax, abgerufen am 11.6.2019.

Vermeiden Sie Makro Denken, konzentrieren Sie sich auf die Mikro Ebene. Versuchen Sie nicht die Zukunft vorherzusehen und auf dieser Basis zu investieren. Viele Zukunftsprognosen der anerkanntesten Fachleute haben sich im Nachhinein als falsch herausgestellt.

Versuchen Sie auch nicht, den Markt zu timen, denn Studien zeigen, dass dadurch ein hoher Anteil an potentiellen Gewinnen (an den renditenstärksten Tagen) verloren geht.

Wenn Sie schon planen, einem Investmentguru zu folgen (der nicht Warren Buffett heißt), hinterfragen Sie dessen Anlageerfolge im Vergleich stets objektiv mit dem Markt.

Fallen Sie nicht auf die Investition in sogenannte „hot stocks" bzw. Geheimtipps herein. Die „Dotcom Blase" hat gezeigt, welche verheerenden Auswirkungen die gedankenlose Investition in Unternehmen ohne Gewinne haben kann.

Vermeiden Sie eine Investition in IPOs: Einerseits bergen diese aufgrund der nur geringen Information mangels veröffentlichter längerfristiger operativer Historie höhere Risiken hinsichtlich einer Überbewertung. Andererseits zeigen Statistiken, dass sich Investitionen in IPOs jedenfalls mittelfristig nicht gut entwickeln.

Auch Emerging Markets sind tendenziell zu riskant für Privatanleger. Dies liegt daran, dass Investitionen in Emerging Markets deutlich riskanter als solche in Industriestaaten sind und dafür nicht ausreichende Mehrrenditen mit sich bringen.

Charttechniken, Day Trading sowie die Verwendung von Hebel haben eines gemeinsam: Reine Spekulation, kurzfristiges Denken und hohe Transaktionskosten.

Die Verwendung von Stop Loss-Order erweist sich in der Theorie als gut, in der Praxis jedoch als zu kurzfristig.

Bewahren Sie sich davor, auf Aktiensplits bzw. niedrige Kurse generell hereinzufallen. Aktiensplits erhöhen Ihre Beteiligung keineswegs. Auch bei niedrigen Kursen wirkt es nur so, als könne man einen höheren Anteil eines Unternehmens aufgrund der Stückzahl der erworbenen Aktien erwerben. Tatsächlich ist dies jedoch nicht der Fall.

Aktienrückkäufe sind nur unter bestimmten Auflagen günstig: Einerseits sollte das Unternehmen günstig bewertet sein. Andererseits sollte sich keine bessere Alternative, als in das eigene operative Geschäft zu investieren, anbieten.

6. Alles Gute für Ihren Erfolg an der Börse

Nun verfügen Sie über einen Ratgeber, mit dem Sie sich erfolgreich an die Börse wagen können. Wenn Sie meine Ratschläge befolgen, wissen Sie konkret, wie viel Geld Sie in welche Anlageform investieren sollten. Auch verfügen Sie über eine Auswahl geeigneter Investitionsstrategien, von denen Sie eine oder mehrere anwenden können. Beachten Sie ebenso die generellen Tipps und Tricks, um die bestmöglichen Ergebnisse zu erzielen und viele Anlegerfehler zu vermeiden.

Im Laufe der Zeit werden Sie entdecken, welche der vier Strategien für Sie die geeignetste ist, welche Tipps und Tricks bei Ihnen anwendbar sind, und welche weniger. Damit werden Sie Ihren eigenen Investmentstil finden, der jedoch bestimmte Grundprinzipien, die in diesem Buch angesprochen wurden (z.B. langfristige Orientierung, keine Aufnahme von Fremdkapital u.v.m.) nicht unterlaufen sollte.

Um die bestmöglichen Ergebnisse aus diesem Buch herausholen zu können, sollten Sie das Buch jedoch nicht nur gelesen haben, sondern sich ausführlich damit beschäftigen und sich über Ihre eigene Situation Gedanken machen.

Selbstverständlich kann dieses Buch bzw. die Befolgung dieser Regeln nicht garantieren, dass bei Ihnen der Investmenterfolg eintreten wird. Dennoch stehen Ihre Chancen nun deutlich höher, an der Börse erfolgreich zu investieren und dabei keine schlaflosen Nächte zu erleiden.

Sollten Sie noch weiteres Interesse - das über dieses Einsteiger-Buch hinausgeht - haben, möchte ich Sie gerne auf von mir veröffentlichte Unternehmensanalysen verweisen. Die dort verwendeten Parameter zur Analyse von Einzeltiteln gehen weit über die Strategie hinaus, die ich Privatanlegern zur Selektion von individuellen Aktien in diesem Buch für Einsteiger empfehle.

In diesem Sinne wünsche ich Ihnen alles Gute für Ihren Erfolg an der Börse!

www.ingramcontent.com/pod-product-compliance
Lightning Source LLC
Chambersburg PA
CBHW030945240526
45463CB00016B/1962